희생의 리더십

희생의 리더십

이용준 지음

어나더북스

| 프롤로그 |

리더는 팔로워에 의해 탄생하고, 팔로워는 리더의 영향력에 의해 움직인다

 서력기원 무렵 로마 제국의 팔레스타인 지역에서 태어나 33년의 짧은 생애를 통해 인류 역사에 가장 큰 영향을 끼친 인물이 있다. 그의 존재는 기독교 문명의 출발점이며 서구 사상·문화의 근간이 되었다. 또한 중세부터 근대에 이르기까지 거의 모든 예술가, 문학가, 학술가, 정치가, 사상가들이 그의 가르침을 지향했다. 2000년이 훌쩍 지난 지금에도 그의 영향력은 가히 절대적이라 할 수 있다. 예수 그리스도 이야기다. 예수는 영향력의 모든 요소를 한몸에 지니고 역사를 뒤흔든 완벽한 리더십의 모델이라 할 수 있다.

그렇다면 그가 발휘한 절대적인 영향력의 근원은 어디에 있을까? 그것은 바로 십자가의 표상인 희생과 헌신일 것이다. 예수 생애의 절정은 십자가와 마주한 고통스러운 죽음이었다. 십자가에 매달려 자신을 희생함으로써 그는 자신의 사상과 진실을 전 세계에 알렸다. 또 그럼으로써 인류 역사상 가장 강력한 영향력을 행사한 인물로 역사에 기록되었다.

예수, 체 게바라, 넬슨 만델라가 전하는 희생의 리더십

1967년 10월 9일, 볼리비아 동남부 시골 마을 라이게라의 허물어져가는 학교 건물에서 9발의 총성이 울린다. 옷은 너덜너덜하고 머리카락은 엉킬 대로 엉킨 초췌한 모습의 사내가 그 총격으로 절명했다. 위대한 혁명가이자 휴머니스트였던 체 게바라의 최후였다. 그는 '혁명은 불멸'이라는 말을 남기고 떠났고, 그의 영향력은 실제로 불멸이 되었다. 그는 자신의 신념을 위해 자신의 모든 것과 정치적 이익을 버렸다.

그렇게 해서 그는 자신의 사상과 신념을 온 세상에 전할 수 있었다. 그는 희생을 통해 혁명의 아이콘이 되었다. 그의 험난했던 삶의 여정과 분투는 인류 현대사에 지대한 영향을 미쳤을 뿐 아니라 불멸의 신화로 지금껏 추앙받고 있다. 1960년대 쿠바혁명을 이끌어냈고 이후 인류애를 향한 뜨거운 열정으로 쉼 없이 질주했던 그의 삶은 50여 년이 지난 지금에도 전 세계 청년의 가슴에 아직도 숨을 쉬고 있다.

세계 최초의 흑인 대통령이 되었고 1993년 노벨평화상을 수상한 넬슨 만델라의 삶 역시 인류 역사에 위대한 유산을 남겼다. 그는 1950~60년대 남아프리카공화국 백인정권의 악명 높은 아파르트헤이트(인종분리정책)가 만들어낸 야만의 시대에 맞서 전국적인 비폭력 저항운동을 이끌었다. 1962년 백인정권이 그를 체포했고 그에게 종신형을 선고했다.

이후 그의 삶은 혹독한 27년간의 수감생활로 이어졌다. 하지만 그는 자신의 의지를 굽히지 않았고, 그의 외로운 투쟁이 뒤늦게 알려지면서 전 세계의 지성을 움직였다. 그의 투쟁은 세계 인권사에 길이 남을 위대한 여정이었다. 그의 헌신을 통해 국제 사회는 비로소 남아프리카공화국의 인권문제에 관심을 기울이게 되었고 그 힘으로 인종차별을 불식하는 민주헌법을 제정하게 되었다. 차별 없는 자유와 인간 본성을 향한 그의 머나먼 여정은 국제 사회를 숙연하게 만들었을 뿐 아니라 그가 전했던 자유와 인권, 용서와 평화 메시지는 폭력과 탐욕으로 얼룩진 시대를 관통하며 지금껏 큰 영향력으로 작용하고 있다.

**리더는 가치를 위해 자신을 희생하고,
이를 바탕으로 막대한 영향력을 만들어낸다**

매년 리더십을 다루는 수많은 서적과 이론들이 쏟아져 나온다. 지난해 출판된 리더십 관련 도서만 해도 100종에 달할 정도다. 저마다 리더의 역량을 분석하고, 새로운 리더십 모델을 제시하며, 리더에 대해 정의를 내린다.

그런데 여기서 주목해야 할 지점이 있다. 리더십에 관한 관점과 주장하는 바가 서로 다르더라도 결국 리더십의 방향성은 '영향력'이라는 최종 목적지로 수렴하게 된다는 사실이다. 미국의 리더십 대가 존 맥스웰John Maxwell은 일찍이 "리더십은 사람에게 미치는 영향력이다."라고 정의한 바 있다. 리더는 팔로위에 의해 탄생하고, 팔로위는 결국 리더의 영향력에 의해 행동하고 움직이기 때문이다.

이 책은 '조직에 비전을 제시하라', '조직원과 소통하라', '전략을 세워라' 같은 일반적인 리더십 덕목에 관한 것을 다루고 있지 않다. 최종 목적지인 리더의 영향력에 관한 얘기에 초점을 맞추고 있기 때문이다. 조직과 사람들에게 선한 영향력을 행사해 그들의 행동을 변화시키고 진정성 있는 리더로 거듭나기 위한 여정을 담기 위한 게 이 책의 목표이고 가치이다.

필자는 이 책을 위해 수년간 리더십으로 연결되는 영향력과 그 영향력이 행사되는 요인들의 디테일을 집중적으로 연구했다. 지난 30년간 출간된 약 120종의 국내외 리더십 서적과 리더십 및 조직문화에 관련된 100여 편의 학술논문 그리고 이와 연관된 다양한 매체의 인터뷰 및 보도자료, 관련 문헌 등을 살펴보며 리더십에 대해 다음과 같은 결론을 내릴 수 있었다.

'희생'이라는 덕목만큼 인류에게 위대한 영향력을 행사하고 조직을 움직이게 하는 요소는 없다는 것이다. 탁월한 리더는 자신 안에 있는 내면의 가치를 드러낸다. 그리고 이 가치를 위해 마땅히 자신을 희생한다. 그리고 이를 바탕으로 막대한 영향력을 만들어낸다.

서두에 제시된 세 인물의 이야기들은 리더의 희생이 우리 사회와 조직에 어떤 영향력을 미치는지를 단적으로 보여주는 역사적 사례다. 예수의 십자가 희생은 제자들로 하여금 기꺼운 희생의 길을 걷도록 이끌었고, 제자들의 헌신은 초대 교회의 밑거름이 되어 예수의 가르침이 전 세계로 퍼져나가게 된다.

가난한 남미인들의 삶을 변화시키고자 의사의 삶을 포기한 체 게바라는 혁명의 현장에서 희생당함으로써 온 세상에 민중을 위한 신념을 온전히 전할 수 있었다. 현실의 안락과 권력에 안주하거나 타협하지 않은 채 신념에 따라 행동하고 죽어간 체 게바라의 삶과 그 궤적이 이념과 국가를 초월해 강력한 영향력을 끼쳤기 때문이다.

타계한 지 9년이 지났지만 만델라의 영향력도 여전하다. 인류의 존엄과 평등, 자유를 위해 모든 삶을 헌신했던 그의 신념과 투쟁의 가치는 한 국가의 진보를 넘어 전 세계의 진보를 이끌었기 때문이다.

역사적인 인물의 희생만이 영향력을 갖는 것은 아니다. 기업 조직에서도 희생의 가치는 동일한 영향력을 가진다. 기업에서의 리더 역할은 조직 성장의 열쇠라 할 수 있는데, 특히 위기상황에서의 리더십은 조직원들의 자세와 행동에 결정적 영향을 미친다. 매리어트인터내셔널 CEO 아르네 소렌슨Arne Sorenson은 코로나 팬데믹 직후 자신의 급여를 반납하고, 호텔 객실을 코로나19와 사투를 벌이는 의료 종사자들에게 무료 투숙을 제공했다. 투숙객이 줄어 경영난에 허덕이는 상황에서도 전국적으로 팀을 구성해 식료품 지원, 침구 기부, 마스크 제작 및 핵심인력 지원 등 지역 공동체를 위해 기꺼이 손해를 보는 결정을 내렸다.

이런 희생적 모습은 지역사회에 큰 감동을 주는 동시에 직원들의 단합을 이끌어냈다. 소렌슨은 최고의 리더라는 칭호를 받음과 동시에 회사의 매출반등이라는 기적을 이끌어냈다. 소렌슨은 플레이스 투 워크Great Place to Work 선정 2020년 올해의 리더로 선정되었다.

팔로워 내면의 가치를 변화시키고 삶을 추동하는 강력한 힘

피터 드러커Peter Drucker는 이런 말을 했다. "이제 군림하는 리더의 시대는 지나갔다. 영향력으로 추종자를 만들어야 한다. 그리고 이는 깊은 헌신에서 나온다." 희생을 통한 영향력에서 나오는 리더십은 그 자체로 막강하다. 지위나 관계, 성과에서 오는 리더십이 단기적인 행동 변화를 가져오는 반면, 희생의 리더십은 팔로워 내면의 가치를 변화시켜 삶의 목적을 추동하는 강력한 힘이 있기 때문이다.

그렇다고 조직이나 타인을 위해 죽으라는 것이 아니다. 자신이 세운 신념과 가치를 위해 모든 삶의 영역에서 큰 가치를 위해 조금씩 양보하고 손해를 보는 걸 마다하지 않는 자세와 그런 덕목을 함양할 필요가 있다는 것이다. 그런 덕목이 충만할 때 당신은 어느새 영향력 있는 리더의 위치에 서 있는 자신을 발견하게 될 것이라 확신한다.

이 책은 비단 조직의 관리자뿐 아니라 삶의 주도권을 되찾고 주변에 선한 영향력을 행사함으로써 따뜻한 리더가 되고자 하는 사람들에게 전하는 선물이다. 이 책을 통해 삶에 영향력을 행사할 수 있는 구체적인 방향에 관심을 높이고, 이를 통해 우리 모두가 삶의 리더가 되기를 소망한다. 마지막으로 이 책을 지역사회와 공동체를 위해 헌신의 노력을 다하는 모든 리더에게 바친다.

2022년 9월 하순

이용준

목차

| 프 롤 로 그 | 리더는 팔로워에 의해 탄생하고,
팔로워는 리더의 영향력에 의해 움직인다 ········· 5

1장 리더십이 향하는 곳은 영향력이다

위기에 처했을 때 자신을 희생하는 리더가 나온다 ········ **21**
리더의 희생이 조직에 미치는 영향력　　　　　　　　 **26**
진정한 리더는 태생적으로 희생을 마다하지 않는다　　 **33**
리더의 헌신이 만들어내는 기적　　　　　　　　　　 **38**
위기를 이겨내는 힘, 무엇을 희생하고 포기할 것인가?　 **44**
권력을 내려놓을 때 리더십 진가가 발휘된다　　　　　 **50**

2장 영향력의 열쇠는 리더의 솔선수범

'백 마리째 원숭이 현상'과 리더　　　　　　　　　　 **59**
장님이 등불을 든 이유　　　　　　　　　　　　　　 **64**
결연한 자기희생이 필요할 때　　　　　　　　　　　 **68**
난쟁이몽구스　　　　　　　　　　　　　　　　　　 **74**
리더의 솔선수범이 중요한 이유　　　　　　　　　　 **78**
왕이라고 해서 나 혼자만 물을 마실 수 없다　　　　　 **83**

3장 리더는 절대·무한·불멸의 책임을 진다

조선 최악의 파락호, 김용환의 고뇌와 희생적 삶	91
조직의 엔트로피를 낮추는 리더의 헌신	95
야구 경기의 희생플레이	101
희생이 없는 리더십은 없다	106
노블레스 오블리주	112
박항서의 '파파 리더십'	117

4장 희생의 리더는 중심을 잃지 않는다

일관성 있게 희생하라	125
조직의 핵심가치를 공유하라	129
어떤 경우라도 진정성을 잃지 말라	134
권위를 내려놓고 경청하라	139
자신을 낮추고 상대를 배려하라	143
도덕적 권위를 얻는 데 모든 노력을 쏟아라	147

**조직가치를 위해
과감히 포기해야 하는 것들** _자원편

시간투자는 최고의 희생이다 · **153**
누구에게나 좋은 사람이 되길 포기하라 · · · · · · · · · · · **158**
우선순위가 아닌 것은 희생하라 · · · · · · · · · · · · · · · · · **162**
정보소유에 대한 욕심에서 벗어나라 · · · · · · · · · · · · · **165**
복잡한 전략을 피하고 한 가지에 집중하라 · · · · · · · · **170**

 **조직성과를 위해
버리고 집중해야 하는 것들** _성과편

성과가 아닌 사람에 투자하라 · · · · · · · · · · · · · · · · · · · **177**
편안함을 희생하고 모범을 보여라 · · · · · · · · · · · · · · · **183**
단기성과가 아닌 장기전략에 집중하라 · · · · · · · · · · · **187**
가치를 녹여낸 과정에 집중하라 · · · · · · · · · · · · · · · · · **192**
현장 직원의 판단을 존중하라 · · · · · · · · · · · · · · · · · · · **198**
조직 구성원을 믿고 권한을 위임하라 · · · · · · · · · · · · · **203**

7장 리더가 기꺼이 희생해야 하는 것들 _욕구편

리더의 사적 이익을 포기하라	211
인정받고 싶은 욕구에 연연하지 말라	215
자존심을 희생하라	219
진정한 권위가 세워지는 리더십의 역설	223
높을수록 더욱 희생하라	227
리더의 지위는 희생의 대가다	231
지시하고 싶은 욕망을 흔쾌히 버려라	236
통제하려는 욕심을 과감히 내던져라	240

에필로그	당신은 조직을 위해 무엇을 희생하고 있는가?	245
참고문헌		249

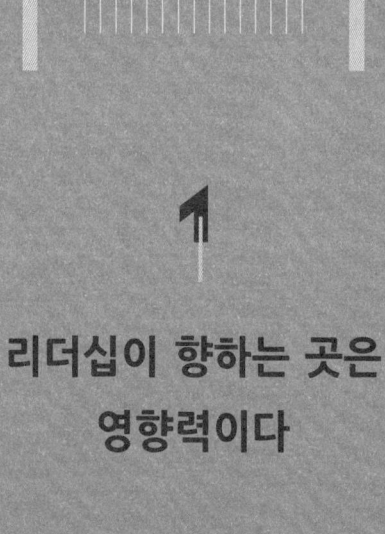

리더십이 향하는 곳은
영향력이다

위기에 처했을 때
자신을 희생하는 리더가 나온다

존 록펠러John D. Rockefeller는 기업경영에 관해 이렇게 말한 바 있다. "기업의 성장은 적자생존의 과정이다." 그는 치열한 생존게임이 경영의 기본원리이자 자연의 법칙이라고 지적했다. 앤드루 카네기Andrew Carnegie 역시 1889년에 출간된 그의 저서 『부의 복음The Gospel of Wealth』에서 적자생존만이 인류를 위한 최선이라는 믿음을 내비친 바 있다. 삶이란 결국 승자독식의 구조로 이뤄지며 이기기 위해 경쟁해야 한다는 것이다. 그리고 인간의 근본적인 이기심이 생존을 가능케 한다고 얘기한다.

그런데 흥미로운 점은 정작 적자생존을 주장했던 찰스 다윈Charles Darwin이 『종의 기원』 출간 12년 후 『인간의 유래와 성

선택The Descent of Man, and Selection in Relation to Sex』에서 적자생존에 관한 자신의 기존 주장을 뒤집었다는 사실이다. 다윈은 그 책을 통해 이런 말을 한다. "다른 조건이 같다면, 인간 집단 간의 경쟁에서는 언제나 서로 돕고 지켜주고 위험을 알려주는 사람, 즉 용감하고, 동정적이고, 진실한 사람들이 더 많은 집단이 승리할 가능성이 크다." 자연의 법칙이라 주장했던 적자생존의 법칙과 배치되는 말이라 할 수 있다. 이는 인류 생존을 가능하게 하는 게 이기심이 아니라 협력과 희생, 이타심에서 나온다는 것으로도 해석할 수 있다.

성장의 동력, 사회적 협력과 보이지 않는 희생

미국 하버드대학교 언어심리학이자 진화심리학 교수안 스티븐 핑커Steven Pinker는 2014년 그의 저서 『우리 본성은 선한 천사 The Better Angels of our Nature』에서 기존의 관념을 뒤흔들 만한 흥미로운 연구결과를 제시했다.

그 연구결과의 핵심내용은 지난 몇 세기 동안 형태와 종류를 불문하고 지구촌에서의 폭력이 줄어들고 있다는 것이었다. 그것은 무척 의미 있는 시사점을 제공한다. 개인주의와 이기심이 만연한 현대 사회의 이면에 협력, 희생, 배려, 사랑의 궤적이 지속적으로 이어지고 있음을 보여주는 방증이기 때문이다. 더욱이 폭력의 대척점에 있는 가치들이 우리 사회를 유지하고 발전시키고 있는 동력임을 단적으로 보여주는 대목이기도 하다.

현대 사회는 극심한 경쟁체계에 의해 돌아가고 있는 게 사실이다. 하지만 이것이 단순히 승자와 패배를 나누는 제로섬 게임을 가리키는 건 아니다. 이기적이고 배타적인 경쟁의 무한반복에도 불구하고 우리 사회가 성장하고 진화할 수 있는 것은 사회적 협력과 보이지 않는 희생이 뒷받침하고 있기 때문일 것이다.

동서고금을 막론하고 국가나 사회가 큰 위기에 처할 때마다 공동체의 안위를 위해 자신을 희생했던 사람들이 등장했고 그들의 헌신으로 위기를 극복한 사례는 적지 않다. 이들의 존재는 한 국가나 사회를 지탱하는 힘이 희생과 이타적인 행동이라는 것을 단적으로 보여주는 역사적 사실이다.

2005년 영국 런던에서 2012년 하계 올림픽 개최지로 결정된 지 하루 만에 연쇄폭탄테러가 발생했다. 아침 출근길의 시민 56명이 사망하고 700명이 부상을 입은 이 사건으로 인해 런던은 아수라장이 되었고 영국 전체를 혼돈 상황으로 만들었다.

하지만 런던 시민들은 생명이 위협받는 대참사 속에서도 슬기롭게 그 상황에 대처했다. 혼자만 살아남겠다는 이기심 대신 서로를 위하는 이타적인 행동으로 난관을 지혜롭게 헤쳐나갔기 때문이다. 영국 서섹스 대학University of Sussex의 사회학자 존 드루리John Drury 교수는 그 광경을 지켜보며 "또 다른 폭발이 일어나거나 언제 터널과 건물이 무너져 내릴지 모르는 긴급한 상황에서 시민들은 서로 양보하고 희생하는 모습을 통해 상황을 정리해 나갔다."라고 언급하며 의로운 시민정신을 칭송했다.

전 세계를 경악하게 만든 2001년 9.11 테러 때도 유사한 상황이 펼쳐졌다. 시민들은 테러로 인한 충격과 공황 상태 속에서도 서로 협조하고 양보하면서 상황을 재빠르게 통제해 나가는 모습을 보여주었다. 그 덕분에 비행기 충돌 지점보다 아래층에 있던 사람들 대부분이 무사히 건물을 빠져나올 수 있었다.

위기상황에 처할 때 자신을 희생하는 리더들이 항상 존재했다

존스홉킨스 대학Johns Hopkins University의 연구진들과 토마스 글래스Thomas Glass 교수는 이처럼 수많은 희생자를 낸 주요사건과 재해를 분석하며 이런 사회적 위기상황에서 어떻게 사람들이 반응하며 행동하는지에 주목했다. 비행기 추락, 열차 탈선, 폭탄 테러, 허리케인, 가스 폭발 등 수많은 사상자가 발생한 사건들이 발생했을 때 사람들이 어떻게 대처하는지를 살펴본 것이다. 놀랍게도 공통적으로 발견된 사실은 위기상황에 처할 때마다 자신을 희생하는 리더들이 항상 존재했다는 것이다.

그리고 그 리더를 중심으로 그룹을 형성해 생존을 위한 규칙을 적용했으며, 최대한 많은 사람을 살리기 위해 서로 희생하며 역할을 분담했다는 것이다. 다시 말해 희생적인 리더십을 통해 사회는 위기를 극복할 힘을 얻었으며 앞으로 나아갈 용기를 얻었다는 것이다.

역사의 진전과 흐름도 같은 맥락으로 파악할 수 있다. 일제강점기, 전쟁과 분단, 민주화 운동 시기 등 격동의 시대에는 항상 보이지 않은 선각자들의 희생이 있었다. 그들의 영향력은 전체 국민의 마음에 파고들었고 그 힘으로 인해 우리 사회는 생존을 이어나갈 수 있었다.

이런 측면에서 볼 때, 세상을 변화시키는 영향력은 이타적인 행동과 자기희생적 태도에서 나온다고 볼 수 있다. 작은 희생의 불씨 하나가 번져 긍정적인 사회적 영향력을 만들어내고 이를 통해 사회는 계속 앞으로 나아가는 것이다. 그리고 그 선봉에는 바로 희생의 리더가 있다. 이들은 자신을 내어주고 이를 통해 막강한 영향력으로 변화를 이끌고 조직과 사회를 진일보하게 만들었다. 희생은 사회를 지탱해온 동력이자 리더가 추구해야 할 궁극적 가치인 것이다.

리더의 희생이
조직에 미치는 영향력

9·11 테러는 리더십에 대한 새로운 발상을 갖게 하는 전환점이었다. 극한의 대참사 속에서 보여주었던 안전요원, 경찰 및 소방 간부 등 각계각층의 아름다운 희생과 놀라운 시민정신이 지구촌 이목을 사로잡은 것과 깊은 관련이 있다. 9·11 테러를 겪으며 위기상황에 대한 리더십과 리더의 희생에 관한 연구가 활발해진 것이다.

많은 국가와 연구단체 등이 그 대열에 합류했다. 그 결과, 다양한 측정방식과 조사방법에 따른 차이에도 불구하고 하나의 결론으로 집약되는 데에는 이견이 없었다. '리더의 희생은 조직 전반에 절대적인 영향을 미친다.'는 것이다. 즉 조직을 위해 자신을 희생한 리더에 대해 직원들은 더 긍정적으로 생각하고, 위기상황에서 조직에 더욱 헌신한다는 것이다. 리더십에 대한 이 연구들은 리더가 자신을 희생하는 행동을 할 때 직원들이 도덕적 기준이 높은 훌륭한 본보기라고 생각하며 전심전력으로 조직을 위해 행동하게 됨을 명확히 제시했다.

리더의 희생적 행동에 보답하려는 동기와 의지

미국 심리학회에서 발행하는 2005년 응용심리학저널 Journal of Applied Psychology에 희생하는 리더십의 효과성에 관한 연구가 실린 적이 있다. 이 논문에서는 리더십의 효과성을 확인하는 핵심요소를 리더의 희생으로 설정했다. 다시 말해, 리더의 자기희생이 조직원들의 업무수행에 긍정적인 영향을 미칠 것이라는 가설을 세우고 이에 대한 증거를 찾고자 했다. 리더의 희생은 조직구성원들과 업무를 분담하거나, 보상을 분배하고, 자기에게 주어진 권한과 이익을 포기하거나 지연하는 것으로 정의했다.

연구는 실험설계를 통해 진행됐다. 먼저 자기희생이 높은 리더와 낮은 리더를 나누었다. 그리고 각각 조건에 따라 리더의 효과성을 파악하는 종속변인으로 아이디어를 만들어내는 과제, 지각된 리더십의 효과성, 카리스마, 집단지향성(개인의 유익보다 집단의 더 큰 이익을 지향하는 사고) 등으로 설정했다.

연구결과는 자기희생이 높은 리더십이 모든 면에서 긍정적인 영향을 미치는 것으로 나타났다. 자기희생이 높은 리더 쪽에 참여한 참가자들이 작업수행 과정에서 더 많은 아이디어를 만들어냈을 뿐 아니라 보다 의미 있는 작업성과를 도출했다. 그들은 희생하는 리더를 효율적인 리더로 생각했으며 카리스마가 높고 더 큰 집단지향성을 지닌 것으로 생각했다.

연구진은 이 실험을 통해 희생하는 리더의 존재가 조직 구성원들로 하여금 리더의 희생적 행동에 보답하려는 동기와 의지를 이끌어내는 긍정적인 행동변화를 일으킨다는 사실을 입증했다.

그렇다면 리더의 헌신이 어떻게 조직의 생산성을 높이는 데 기여할까? 그 대답은 간단하다. 희생의 리더십이 관철되는 조직에서의 직무 만족도가 높기 때문이다. 행동심리학자 개리 유클 Gary Yukl은 자기희생적 리더십과 조직 구성원 간의 과업성과를 연구했는데, 자기희생적 리더십의 영향을 받는 조직원들이 그렇지 않은 집단에 비해 직무 만족도가 월등히 높게 나왔다. 그 결과 역시 양질의 성과와 높은 생산성으로 나타났다.

리더가 과업수행을 위해 업무분장을 할 때 자신을 희생하면 조직 구성원들의 업무갈등이 줄어들고 업무를 효율적으로 수행할 수 있게 된다. 리더가 조직 구성원을 위해 승진, 보수 등 자신의 혜택과 유익을 희생하면 조직 구성원들이 그만큼의 보상을 받게 되므로 이 또한 만족도가 증가한다. 리더가 자신의 권한을 희생하면 리더의 관리감독에 대한 만족도가 올라가므로 전체적인 직무 만족도가 높아지는 것이다. 그리고 높은 직무 만족도는 주어진 과업에 대한 업무 능률과 집중력을 향상시켜 긍정적인 결과를 창출하게 된다.

그래비티 페이먼츠의 아찔한 위기와 기적에 가까운 반전

2015년 미국 금융서비스 기업 그래비티 페이먼츠의 CEO 댄 프라이스Dan Price가 자신의 연봉을 90% 깎겠다고 발표했다. 당시 그의 연봉이 110만 달러였는데 7만 달러 수준으로 낮추겠다고 선언한 것이다. 그는 단순히 자신의 연봉을 삭감한 데 그치지 않았다. 그는 직원 117명의 최저 연봉을 3년 안에 7만 달러까지 인상하겠다고 공언했다. 직원들을 위해 회사의 영업이익을 포기하겠다는 놀라운 프로포즈에 직원들은 자신의 귀를 의심할 수밖에 없었다.

하지만 댄 프라이스의 공언은 허언에 그치지 않았다. 발표와 함께 그해 모든 직원의 연봉을 5만 달러까지 인상했고 매해 1만 달러씩 연봉인상을 실행에 옮겼다. 그의 공언대로 3년 만에 전 직원의 연봉을 7만 달러 수준으로 인상하며 약속을 그대로 실천한 것이다.

그는 인간이 연봉 7만 달러를 받을 때 가장 행복하다는 노벨

경제학 수상자 대니얼 카너먼Daniel Kahneman 교수의 연구결과를 참고한 것이었다. 물론 이를 달갑지 않게 바라보는 시선도 많았다. 많은 언론들이 높은 임금으로 인해 회사의 생산효율을 떨어뜨리고 시장경제 질서를 무너뜨릴 수 있다고 비판했다. 또한 경영악화를 염려한 많은 고객들이 계약을 취소하는 일이 벌어졌고, 왜 사회주의가 실패했는지 배워야 할 것이라는 조롱을 받아야 했다.

하지만 이러한 우려를 비웃기라도 한 듯 회사의 매출과 영업이익 상승률이 200%를 초과했으며 고객유지 비율도 95% 증가했다. 불과 2년 만에 나타난 성과였다. 고객문의는 무려 월 평균 30건에서 2,000건으로 증가하는 폭발적 성장세를 과시했다. 이에 힘입어 다른 임원들도 자발적으로 자신의 연봉을 삭감하며 조직을 위해 비용을 투자했다. 조직원들의 업무 만족도가 높아져 이직률이 줄었고 인상된 연봉으로 회사 근처로 이사를 오게 되면서 삶의 질이 향상되었다. 당연하게도 회사에 대한 충성심과 조직에 대한 애정이 높아졌다.

그렇다면 7년이 지난 지금은 어떨까? 3배가 넘는 매출을 기록했고, 거래규모는 2015년 당시 38억 달러에서 102억 달러로 늘었다. 전 직원의 70%가 가계부채를 탕감했으며 이직률은 절반 이하로 떨어졌다. 그 과정에서 아찔한 위기를 맞기도 했다. 2020년 코로나19로 인한 심각한 경영난이었다. 약 1만 3천 개 기업의 결제 대행을 맡고 있던 그래비티 페이먼츠의 고객사 매출이 절반 수준으로 떨어지며 6개월 안에 문을 닫아야 할 정도로 위기상황에 봉착했던 것이다. 주어진 선택지는 직원 20% 정리해고 혹은 그대로 운영하다가 파산신청을 하는 것이었다.

이 소식이 전해지자 직원들이 자발적으로 자신의 연봉을 50% 삭감하겠다고 나섰다. 아예 급여를 받지 않겠다는 직원도 6명이나 나왔다. 물론 댄 프라이스 또한 급여를 받지 않았다. 희생적 리더십의 영향력이 조직 전체로 전파되어 조직원 스스로가 헌신하며 양보하는 조직문화가 이미 구축되었던 것이다. 기적에 가까운 반전이 일어났다. 불과 3개월 만에 매출이 반등하면서 삭감되거나 받지 못한 급여를 모두 환급 처리하게 되었다. 조직원들의 희생이 조직에 또 다른 기회를 만들어낸 것이다.

조직에서 리더가 조직과 부하를 위하여 자기희생적 행동을 보이는 모습은 리더에 대한 조직원의 신뢰와 정체성, 행동, 조직유효성(Organizational Effectiveness. 조직의 목표달성 정도나 조직이 얼마나 잘 되고 있는지를 표시하는 개념으로 조직의 성과를 평가하는 하나의 기준) 측면에서 긍정적 영향을 미친다. 즉 리더의 자기희생적 행동이 자아 개념, 정체성 형성 및 조직행동에 중요한 영향을 미쳐 조직원으로 하여금 리더와 동질감을 느끼게 하는 것이다. 이는 또 다른 자기희생적 행동을 낳게 하며 조직몰입을 극대화한다. 리더의 희생은 조직에 절대적인 영향력을 행사하고 조직원들에게 학습되고 전파된다. 그 결실은 조직의 내실 있는 성장으로 빛을 발하게 된다.

진정한 리더는 태생적으로
희생을 마다하지 않는다

인류의 역사는 공동체로부터 시작했다. 인류는 혼자 힘으로 생존이 불가능한 외부환경을 사회적 힘Social Forces과 사회적 결속 Social Bonds을 통해 극복해 왔다. 사회적 공동체는 혹독한 날씨, 부족한 식량, 위협적인 환경 등에 대응하는 생존대책을 마련하며 사회적 안전망 역할을 담당했다. 인류는 공동체를 통해 야생동물들의 습격에 걱정 없이 잠들 수 있었고, 짓궂은 날씨를 피할 수 있었으며, 사냥 후 돌아올 장소가 있기에 식량을 구할 충분한 시간을 획득할 수 있었다. 공동체가 주는 이런 사회적 안정은 자연스럽게 상호 간의 신뢰 구축으로 이어졌다. 이를 바탕으로 인류는 협동과 분업을 시작했으며 이는 곧 생산성 향상으로 연결됐다. 나아가 충분한 시간 확보를 통해 인류 문명을 꽃피우는 계기를 마련했다.

리더의 신뢰가 없는 조직은 외부 충격에 쉽게 무너진다

현대 사회도 고대 사회와 크게 다르지 않다. 형태는 다르지만 현대 사회 역시 온갖 위험이 도사리고 있다. 이런 위험은 우리의 성장을 막고 직장에 위협을 가하며 우리를 궁지에 몰아넣기도 한다. 그러하기에 현대인 역시 모든 상황을 경계해야 하고 생존을 위한 치열한 경쟁에 나서야 한다. 말 그대로 고군분투하며 하루를 살아내야 한다.

그런데 우리가 속한 조직이 고대 부족의 공동체와 같이 안전망이 되어 준다면 상황은 확연히 달라진다. 조직원들은 안정적인 환경에서 소속감을 가진 채 생산성 향상에 집중할 수 있게 된다. 반면 조직이 충분한 안전망이 되어 주지 못한다면 조직원들은 각종 위험에 그대로 노출되게 된다. 언제 어디서든 해고를 당할 수 있고 배타적인 경쟁체제에서 살아남기 위해 악전고투를 벌여야 한다.

우리 공동체가 안전장치가 전혀 없는 약육강식의 냉정한 정글 같은 곳이라면 어떤 일들이 일어날까? 대부분의 조직에서 생존을 위한 이기주의과 혼탁한 경쟁이 기승을 부리는 상황을 떠

올릴 수 있다. 무엇보다 조직원들이 조직의 성과를 위해 협력하고 성과를 위해 분투하기보다는 자기 자신을 보호하는 데 더 많은 시간과 에너지를 투입하게 될 것이다.

언젠가 직장 동료가 자신의 상사와 나눈 메신저 내용을 모두 캡처해 저장해 놓는 것을 본 적이 있다. 그렇게 해야 안전하다는 이유에서였다. 그는 모든 메신저의 내용을 백업해둘 뿐 아니라 대부분의 소통방식을 전화나 미팅 대신 이메일로 대신했다. 모든 근거를 남겨두어 나중에 뒤탈을 없게 하기 위해서였다. 이는 자신의 직장에서 안정감을 느끼지 못한다는 것을 단적으로 드러내는 행동이다. 다른 측면에서 보면 리더에 대한 신뢰가 없는 명확한 방증이다. 서로를 믿지 않는다는 것은 상대방이 나를 위험에서 구해줄 것이라 믿지 못한다는 뜻이다. 이런 상황에서 조직의 결속력을 기대하긴 어렵다. 이런 조직은 외부충격에 쉽게 무너지고 만다.

안정적인 조직을 구축해 조직원들의 잠재력을 이끌어내고 생산성을 올리기 위해서는 리더의 역할이 무엇보다 중요하다. 프랑스 인류학자이자 철학자인 클로드 레비스트로스Claude Lévi-Strauss는 1937년부터 약 1년 정도 남미 브라질의 중부지방에 소규모 단위로 흩어져 유랑하는 남비콰라Nambikwara 족을 관찰하고 이에 대한 기록을 책으로 남겼다.

그는 남비콰라 족에서 인류가 어떻게 공동체를 유지해왔는지를 유추할 수 있는 원형을 발견했다. 그는 그의 저서 『슬픈 열대 Tristes Tropiques』에서 이곳이 가장 단순한 표현으로 환원되어 있는 사회였기에 가능했다고 기술했다. 흥미로운 대목은 족장으로 불리는 리더의 존재가 어떻게 생겨났는지 관찰할 수 있었다는 점이다.

리더는 태생적으로 희생할 수밖에 없다

레비스트로스가 경험한 남비콰라 족장의 권력은 실로 막강했다. 족장은 무리가 언제 어떻게 이동해야 하고, 어느 곳으로 가야 하며, 얼마나 그곳에서 지내야 하는지, 언제 어디로 사냥을 나가야 하며, 이웃 부족과는 어떻게 지내야 하는지 등 거의 모든 것을 결정했다. 한 가지 특이한 점은 족장 자리가 여느 문명국가와 달리 세습체계가 아니었다는 것이다. 남비콰라 족의 후임 부족장은 탁월한 능력이 있고 많은 부족민들의 지지를 받는 자를 전임 족장이 지명해 선정했다. 족장 선정의 기준도 인상적이었다. 그동안 부족을 위해 얼마나 희생했고 앞으로도 그 역할이 기대되는지가 그 기준이었다.

족장은 부족원들이 쉬거나 놀 때 끊임없이 정찰해야 했다. 주변을 돌아다니면서 나중에 어디로 이동해야 할지, 사냥하기 좋은 곳은 어딘지 보아 두어야 했다. 혹시 적대적인 부족이 근처에 있다면 그들의 동향에 대해서도 눈여겨봐야 한다. 또 치료사와 주술사 역할을 겸하기에 늘 솔선수범해야 하며 그런 능력이 있어야 했다. 『슬픈 열대』에 이런 대목이 나온다.

> 족장은 원하는 정보를 얻기 위해 다른 족장들과 좋은 관계를 유지해야 했다. 따라서 도끼, 진주, 칼과 같은 아주 귀한 물건을 선물하곤 했다. 족장은 이런 값진 물건들을 하루나 이틀 이상 갖고 있는 일이 없었다. 며칠 지나고 보면 대부분 다른 사람이 그걸 갖고 있었다. 족장이 그들에게 주었거나 아니면 달라고 하니 아낌없이 준 것이다. 족장은 그렇게 베푸는 사람이었고, 그런 사람이어야 했다.

리더는 조직의 안전을 위해 자신의 안락함과 이익을 희생할 줄 아는 사람이다. 이를 통해 조직원들의 재능과 힘을 모아 외부의 위험에 굴하지 않고 저항하며 기회를 포착할 수 있게 하는 사람이다. 리더는 숫자를 구하기 위해 사람을 희생시키지 않는다. 그 대신 사람을 구하기 위해 숫자를 버린다. 리더는 총알이 빗발치는 전쟁터에서 가장 먼저 달려나가 자신을 따르는 사람을 보호하기 위해 자신의 희생을 감수한다. 리더는 태생적으로 희생할 수밖에 없으며 희생을 통해 영향력을 얻는다.

리더의 헌신이
만들어내는 기적

20세기 후반에 들어서면서 리더십 분야에 여러 연구들이 활발하게 이뤄지면서 새로운 관점들이 제기되었다. 극한의 경쟁관계가 가속화되는 조직환경 속에서 목표달성을 위한 조직 구성원들의 자발적인 노력의 중요성을 강조하는 인식과 연결되어 있다.

다시 말하면, 조직 구성원들이 자발적으로 조직성과 달성에 기여하게 만드는 리더십의 중요성이 부각된 것이다. 로버트 그린리프Robert K. Greenleaf의 서번트 리더십servant leadership, 제임스 번스James MacGregor Burns와 버나드 바스B.M.Bass의 변혁적 리더십Transformational Leadership, 맥스 베버Max Weber의 카리스마 리더십Charismatic Leadership 등이 이 같은 인식을 반영한 새로운 리더십 이론들이다.

이 이론들은 한편으로는 서로 다른 해법과 논거를 제시하고 있지만, 명확한 비전 제시와 목표달성을 위해 리더가 감당해야 할 역할행동에 대해서는 같은 맥락의 주장을 하고 있다. 주목해야 할 대목은 이 이론들 모두에서 공통적으로 제시하고 있는 리더의 핵심적 역할행동으로 리더의 희생적 자세와 행동을 꼽고 있다는 점이다.

대의를 위해 자아를 포기하는 게 희생이다

리더십 분야의 세계적 권위자이자 조직 컨설턴트였던 스티븐 코비Stephen R. Covey는 리더십의 영향력은 강압적 권위가 아닌 '도덕적 권위'에서 나온다고 지적한 바 있다. 그는 조직 구성원들의 절대적인 신뢰감으로부터 나오는 것이 리더십이기 때문에 리더는 정직과 투명함으로 도덕적인 권위를 가져야 할 필요가 있다고 강조한다.

그는 또 과거의 리더에게 중요한 덕목이 지위나 위치였다면, 현재는 리더의 도덕적 권위에 대한 요구가 더욱 커지고 있음에 주목했다. 산업화 시대의 경우 하향식 통제를 위한 리더십이 중요했다면, 4차혁명 시대나 사회적 환경이 요동치는 혼란기에는 무엇보다 구성원들의 재능을 이끌어내는 리더십이 절대적으로 필요하다는 의미와 연결된다.

구성원들의 재능을 끌어올리는 최고의 덕목이 바로 도덕적인 권위라는 그의 지적도 같은 맥락으로 해석할 수 있다. 도덕적 권위를 가진 리더는 외부고객 못지않게 내부고객인 조직 구성원들을 섬기고 존중하는 패러다임을 갖고 있다. 그러하기에 조직 구성원들의 인정과 신뢰를 기반으로 조직 전반을 변화시키는 영향력을 갖게 된다. 도덕적 권위을 가진 리더는 직원들 내면에 있는 선택의 자유와 능력을 적극 활용한다. 그럼으로써 조직원들은 사명감, 보람, 목표의식 등의 내면의 가치를 굳건히 하며 자신들의 지혜와 열정을 뿜어내며 열정적으로 시너지를 내게 된다.

여기서 중요한 점은 리더의 도덕적 권위의 근간이 사적 이익을 내려놓고 공적 이익을 위해 자신을 희생하려는 리더의 자세와 행동이라는 것이다. 리더의 헌신과 희생적인 자세는 조직을 보편적 원리에 맞는 방식으로 운용할 수 있는 합리적 여건을 마련하게 한다. 스티븐 코비는 대의를 위해 자아를 포기하는 것을 희생이라고 말한다. 이는 물리적이고 경제적인 희생, 열린 자세로 편견을 씻어내고 새롭게 이해하려는 정신, 다른 사람을 진정으로 사랑하고 존중하는 태도 그리고 더 큰 목적을 성취하기 위해서 자신의 의지를 포기하는 것을 의미한다. 이런 희생을 마다하지 않는 조직의 리더는 결국 조직 내에서 강한 영향력을 확보할 뿐 아니라 생산성이라는 결실을 맛보게 된다.

코로나 시국에서의 포드의 선택과 대반전

인류 자동차 역사를 대표하는 기업으로 미국 자동차 제조·판매 기업인 포드Ford Motor Company를 들 수 있다. 포드는 2019년 매출액 기준 미국 최대 자동차 기업이지만 코로나19 팬데믹으로 인해 큰 위기에 봉착하게 되었다. 매출극감에 따라 상당수 제조공장의 조업이 중단되는 일이 발생했고 글로벌 공급망이 붕괴되면서 부품 조달에 어려움을 겪으며 완성차 수요가 급감했다.

하지만 이 같은 매출저하 등의 위기상황임에도 윌리엄 포드 회장은 전혀 다른 해법을 내놓으며 전 세계를 놀라게 했다. 미국 코로나19 확산 방지를 위한 중대 발표를 했고 이를 그대로 실행에 옮긴 것이다. 그는 미국 내 자동차 생산라인을 자동차 대신 방역용품 생산시설로 신속히 전환해 정부와 의료기관에 제품을 공급했다. 또 3M과의 협업을 통해 인공호흡기를 개발하고 미국 자동차노동조합과 함께 인공호흡기와 마스크 등을 생산했다. 공급업체와는 에어백 소재를 활용해 재사용 가능한 가운을 제조했고 과학장비 기업을 지원해 코로나19 진단키트 생산에 기여했다.

나아가 차량 내부 온도를 높여 살균하는 소프트웨어 패치를 개발해 뉴욕시 경찰차에 설치했으며, 오하이오 주립대학과의 협업을 통해 차량 내부 온도를 섭씨 55.6도까지 올려 15분간 유지함으로써 바이러스를 제거하는 소프트웨어까지 개발했다.

포드 회장의 과감한 결단과 자기희생적 리더십은 미국뿐 아니라 국제 사회에 잔잔한 감동을 불러일으켰다. 소비자들은 놀라운 실적을 포드에게 선물했다. 포드는 작년 2분기 차량용 반도체 부족 직격탄을 맞아 70만 대의 생산 차질을 빚었음에도 예상 밖의 어닝 서프라이즈를 기록했다. 무려 11억 달러의 영업이익을 달성했고 매출액은 전년동기 대비 38% 늘어난 268억 달러를 일궈냈다. 결과적으로 2021년 연간 매출액이 2020년보다 7.2% 증가한 1,363억 4100만 달러를 기록해 2020년의 12억 7,900만 달러의 적자를 거의 만회하게 되었다.

포드는 위기 국면에서 인원감축, 비용절감, 투자축소 등의 긴축경영 전략을 채택하지 않았다. 그 대신 사회 공동체와의 공생을 위한 쉽지 않은 선택을 했고, 자국민들의 안전을 위한 R&D 개발과 투자를 이어나갔다.

자사의 단기적인 이익을 포기하면서 의료종사자, 응급처치자, 환자들을 위한 의료장비 등 긴급 물품들을 설계하고 생산하는 포드의 노력은 미국민들의 마음을 움직이게 만들었다. 미국 내 기업 인식을 변화시켰을 뿐 아니라 기대 이상의 차량 판매로도 이어졌다. 내부적으로는 사업성이 떨어지는 모델을 과감히 단종시키고 수요가 높아진 전기차 머스탱 마하-E 크로스오버와 같은 차종에 집중하는 전략으로 전환했다.

코로나라는 특수한 경영환경에서 손해를 보면서도 사회적 책임을 위해 노력하고 헌신하는 모습과 함께 소비자 니즈와 수요에 부합하려는 노력이 한데 어우러진 결과였다. 가장 어려운 시기에 얻어낸 대반전의 성과였다.

위기를 이겨내는 힘,
무엇을 희생하고 포기할 것인가?

　1994년 멕시코 페소화가 하루 만에 15%까지 폭락하는 일이 벌어졌다. 당시 멕시코의 무역수지 적자는 2백억 달러에 육박했다. 21세기형 첫 공황으로 불리는 멕시코 금융위기 사건이다. 1990년대 초 멕시코 경제를 부흥시켰던 원동력은 뉴욕 월가의 자본이었다. 미국의 금리가 상대적으로 낮았기 때문에 미국의 단기자본이 고금리를 보장하는 멕시코로 대거 넘어갔다. 예컨대 미국 재무부 채권을 사면 연간 5~6%의 수익을 얻는 데 비해 멕시코 채권은 12~14%의 수익을 보장했다. 멕시코 은행도 저리의 미국 달러를 마구 빌려 썼다. 그런 상황에서 미국 중앙은행의 금리인상이 단행되면서 멕시코 경제가 휘청거리기 시작했다.

미국 중앙은행인 연방준비제도이사회FRB는 1994년 초부터 1995년 1월까지 7차례에 걸쳐 3%이던 금리를 6%로 인상했다. FRB는 미국 내 인플레이션 조짐을 선제적으로 막기 위해 금리를 인상한다는 명분을 내세웠다. 하지만 그 여파는 멕시코 경제에 치명적인 타격을 주게 되었다. 금리 인상에 따른 유동성 자금이 미국에 집중되었고, 미국의 고금리 정책의 불똥이 지리적으로 가장 가까운 곳에 있던 멕시코 경제를 직격해 버린 것이다.

1994년 멕시코의 총체적 경제위기를 이겨낸 원동력

국가경제가 붕괴 직전의 상황에 처하게 되자 멕시코는 커다란 충격에 휩싸였다. 이때부터 멕시코 정부와 국민들의 치열한 사투가 시작되었다. 멕시코 정부는 1995년 3월 초 IMF의 대규모 긴급구제금융지원을 받으면서 긴급경제조치를 발표했다. 경제난 극복을 위해 환율정책과 물가·임금인상 억제, 수출산업 지원 등에 대한 국민적 합의를 이끌어내기 위해 멕시코 정부는 치열한 자기반성의 자세를 견지하면서 국민들에게 다가갔다. 경제위기를 극복하기 위해서 경제주체들의 과감한 양보와 희생 그리고 상호 간의 신뢰와 협력이 절실함을 호소했다.

이에 멕시코 국민들과 경제주체들은 1998년 우리나라의 금 모으기 캠페인 열기를 방불케 하는 열정으로 화답했다. 근로자들은 임금을 동결하고 기업들은 세금을 감면받는 만큼 투자와 일자리 창출에 나섰다. 정부, 기업, 근로자, 농민단체 등 모든 경제주체가 고통분담협정을 맺으면서 자기희생적 노력을 경주한 끝에 회생의 기적을 일궈냈다. 노조들의 시위 자리에 수많은 관광객들을 유치한 멕시코는 불과 1년 만에 경제위기를 탈출하는 지표를 만들어냈다. 위기상황에 대처한 각계각층의 자기희생적 노력과 리더십이 연출한 인상적인 사례임이 분명하다.

자기희생을 실천해 조직 구성원들의 강한 변화와 조직의 회생을 이끌어낸 크라이슬러Fiat Chrysler Automobiles 전 회장 리 아이아코카Lee Iacocca의 사례도 많은 여운을 남긴다. 리 아이아코카는 1946년 포드자동차에 입사해 포드 머스탱 등을 개발하면서 1970년 사장까지 오른 인물이다. 그런데 그는 1978년 창업주 후손 헨리 포드 주니어Henry Ford II와의 불화로 해고당하고 만다.

리 아이아코카의 위기극복 리더십이 가져온 결과

실업자가 된 그에게 뉴욕대학교 경영대학원장, 르노 자동차의 경영고문, 항공사 사장 등 여기저기에서 스카우트 제의가 쇄도했지만, 그는 다 쓰러져가기 일보 직전의 크라이슬러를 선택했다. 1978년 아이아코카는 무려 17억 달러의 적자에 허덕이던 크라이슬러 자동차로 자리를 옮긴다. 포드에서 연봉 36만 달러를 받던 그는 크라이슬러에게 단돈 1달러의 연봉을 요구했다. 혼신의 힘을 다해 크라이슬러를 일으켜 세우겠다고 다짐한 그에게 연봉은 중요한 판단기준이 아니었던 것이다.

그렇게 입사한 그는 부도 직전의 크라이슬러 위기를 모면하기 위해 은행대출을 시도해 실패하자 새로운 돌파구 마련에 총력을 기울인다. 그 돌파구는 정부구제금융 시도였다. 그의 기발한 발상과 돌출행동에 미 전역이 떠들썩해졌다. '다 쓰러져 가는 기업에 구제금융을 해주어야 하는가.'라는 문제로 미국 전역에서 열띤 논쟁이 벌어질 정도였다.

아이아코카는 국회에 나아가 구제금융 요청에 대한 열정적인 연설을 통해 미 의원들에게 강렬한 설득작업을 벌였다. 그 자리에서 그는 자신의 연봉을 1달러만 받겠다고 선언했고 크라이슬러의 회생이 국내산업 발전에 얼마나 유용한지를 역설했다. 그의 열정과 자기희생적 면모에 후한 점수를 준 의회는 그의 요구를 승인하게 되었고, 당시 지미 카터 대통령은 15억 달러에 달하는 보증안에 서명을 하게 되었다. 자동차 기업 중 미국 정부의 구제금융 지원 첫 사례였다. 미 연방정부는 사상 유례없는 구제금융을 허락했고 노조는 20% 임금삭감으로 화답했다.

극적으로 연방정부의 구제금융을 끌어들인 아이아코카는 곧 정리해고와 임금삭감 등의 강도 높은 구조조정을 통해 크라이슬러를 회생시킨다. 또한 자신이 직접 크라이슬러의 TV 광고에

출연해 소비자의 무너진 신뢰를 회복하기 위해 노력했다. 그 노력들이 빛을 보면서 적자에 빠져 있던 크라이슬러가 흑자로 돌아섰다. 정부의 구제금융을 상환하는 데 4년여의 시간이면 충분했다. 놀랍게도 애초 정했던 기한보다 7년이나 빨랐다. 크라이슬러가 정상 궤도에 오르자 아이아코카는 해고한 근로자를 다시 불러들였고 삭감했던 연봉도 원래 수준으로 돌려놓는다.

훗날 아이아코카는 자신의 자서전에서 이런 말을 한다. "나는 내 보수를 연봉 1달러로 줄이는 것부터 시작했다. 순교자가 되기 위해 보수를 그렇게 깎은 것은 아니다. 노조위원장을 만날 때 '너는 무슨 희생을 했기에 우리 보고 감봉을 감수하란 것이냐?'라는 질문을 미리 막기 위해서는 내 스스로 그 정도의 희생을 감수해야 할 것 같았다. 내가 감봉을 했다고 해서 굶게 되는 것은 아니다. 다만 나는 앞으로 해야 할 일을 다 같이 해야 한다는 연대감을 조성하기 위해 그런 결정을 내렸다."

직원이 최우선, 고객은 다음, 경영진은 맨 마지막

아이아코카의 위기극복 리더십은 지도자의 자기희생적 행동을 과단하게 실천에 옮긴 용기와 열정이라 할 수 있다. 희생의 리더십은 서로 눈치만 보며 행동을 주저하는 구성원에게 층위가 다른 동기부여를 제공하기도 한다. 이기심과 자기보호 관성의 경계를 한순간에 허물며 자발적으로 손해 보는 행동, 즉 자기희생의 행동을 흔쾌히 감행하는 명분과 분위기를 만드는 것이다. 이를 통해 희생을 감당하는 또 다른 조직원이 생겨나게 된다. 그리고 에너지와 영향력이 조직 전체로 확산되면서 조직 내부의 새로운 활력을 만들게 된다.

이와 관련해 아이아코카는 "경영이란 다른 사람들에게 동기를 부여하는 것, 그 이상도 그 이하도 아니다. 그리고 이를 위해 직원을 최우선에, 고객은 다음, 경영진은 맨 마지막에 두어야 한다."라고 말한 적이 있다. 아이아코카는 자기희생의 솔선수범을 마치 드라마처럼 실천해 조직 구성원 모두의 마음을 움직였고, 회사는 이들의 자발적인 노력과 헌신을 통해 위기를 벗어나게 되었다.

극한의 위기상황에 처한 조직에 반전을 가져오는 힘은 리더의 희생에서 나오기 마련이다. 조직에 힘과 열정을 만들어내는 그 이상의 강력한 수단은 없어 보인다. 그런 의미에서 위기의 순간 리더들에게 필요한 것은 대단한 위기극복전략이 아니라, 무엇을 포기하고 희생할 것인가를 대한 고민일 것이다.

권력을 내려놓을 때
리더십 진가가 발휘된다

리더는 두 가지 힘을 가지고 있다. 권력Power과 권위Authority다. 권력은 승진, 보상, 채용, 해고 등 리더가 물리적으로 행사할 수 있는 것을 힘을 말한다. 이에 반해 권위는 비전, 성품, 소통, 설득 등 보이지 않는 힘을 가리킨다. 권력은 자신의 위치를 이용해 리더의 의지대로 행동하도록 강제할 수 있다. 조직원이 원하든 원하지 않든 간에 힘과 압박을 통해 그들을 움직이게 하는 것이다. 반면 권위는 리더의 영향력을 통해 조직원들이 자발적 의지로 행동하게 만드는 힘을 의미한다.

희생의 리더십은 자발적인 영향력을 추구한다는 점에서 권력을 줄이고 권위를 늘려가는 방향으로 작동한다. 다시 말해, 권력을 휘두를 수 있는 위치에 있다 하더라도 이를 포기하거나 최소한으로 제한하는 것이다.

사람의 변화를 이끌어내는 힘은 권력에서 나오지 않는다

조직의 리더는 한결같이 조직 내 자신의 영향력을 키우고 발휘하고 싶어 한다. 이런 리더들은 권위가 아닌 권력을 행사해 자신의 영향력을 확보하려고 하는 경향이 강한데, 그것은 권력이 행동을 바꾸는 가장 빠른 방법이라고 믿기 때문이다. 이들은 단기적인 성과와 이익에만 관심을 두는 나머지 조직을 이끌어갈 장기적인 안목과 진정성 있는 영향력에는 관심을 두지 않을 뿐더러, 그럴 여유도 갖고 있지 않다. 그들은 대개 지시와 명령으로 빠른 결과를 얻기 원한다. 하지만 사람의 변화를 이끌어내는 힘은 권력에서 나오지 않고 오로지 권위에서만 나온다. 말을 타고 세상을 얻을 수 있으나 말 위에서 세상을 다스릴 수는 없기 때문이다. 『서번트 리더십』으로 유명한 경영 컨설턴트 제임스 헌터James C. Hunter는 권력과 권위에 대해 이런 말을 했다.

> 권력이란 사고팔 수 있다. 사람들은 권력자의 친척이거나 동료라고 해서 또는 부와 권력을 상속받음으로써 그러한 지위에 오를 수 있다. 하지만 이런 일은 권위에서는 일어날 수 없다. 권위란 결코 사고팔거나

주고받을 수 없다. 권위란 한 인간인 당신과 관련된 것이며 당신의 인성, 사람들에 대한 영향력과 밀접하게 관련되어 있기 때문이다.

영향력이 권위에서 나오는 이유는, 권력이 아무런 대가 없이 외부에서 오는 힘인 반면 권위는 스스로가 쌓아올린 축적된 내적 힘에서 오기 때문이다. 권력은 상부조직의 임명을 통해 혹은 권력자의 상속을 통해 얻는다. 하지만 권위는 시간의 흐름에 따라 자신이 쌓은 인성, 성품, 관계와 세상을 바라보는 인식에서 얻어진다. 공장에서 막 찍어낸 공산품과 같은 힘과 오랜 세월을 통해 장인이 만들어 낸 명품과도 같은 힘에서 오는 영향력의 차이는 비교조차 할 수 없다.

한편 모든 권력이 나쁘다고 간주하는 건 적절하지 않다. 트리니티 대학Trinity College 심리학 교수인 이안 로버트슨Ian Robertson은 "윈스턴 처칠과 프랭클린 루스벨트의 권력과 리더십이 없었다면 지금 어쩌면 나는 독일 제국의 파시스트 시민으로 살고 있을지도 모른다. 또한 마틴 루터 킹은 백만 명의 사람들을 거리로 불러낼 수 있는 권력을 가지고 있었다. 권력은 리더에게 필요한 요소이다."라고 말했다.

리더의 적절한 권력은 조직 구성원들의 태도와 행동을 바람직한 방향으로 움직이게 하며 원활한 업무수행을 이끈다. 또한 외부의 저항에 맞서 자신의 의지를 관철시키는 동력이 되기도 한다. 더 나아가 조직 구성원들의 생각이나 감정에까지 직접적인 영향을 미침으로써 중요한 프로젝트나 단기간 과업을 관철시키는 강력한 도구로 활용할 수도 있다.

하지만 그런 이점에도 불구하고 리더는 자신에게 주어진 권력에 대해 항상 견제하고 이를 버리기 위해 노력해야 할 필요가 있다. 이는 비단 영향력 측면 때문에서만은 아니다. 권력을 휘두르게 되면 권력에 중독되어 리더로서뿐 아니라 자신의 삶 자체를 해칠 수 있다. 권력은 리더에게 자신감을 주며 집중력을 높이는 데 긍정적으로 작용하지만, 그 반대로 시야를 좁게 하고 방향감각과 자각능력을 줄어들게 하는 방향으로 작동되기도 한다.

권력 중독이 낳은 비극, 제프 스킬링과 프레드 굿윈의 몰락

자극적인 모든 것에는 중독이 따르듯 권력 또한 강한 중독이 뒤따른다. 평범하고 합리적인 사람이 리더의 자리에 올라 권한을 행사하기 시작하면서 오만하고 폭력적으로 변하는 경우는 수없이 많이 목격된다. 미국 기업 역사상 최대의 회계 부정을 저지르고 24년 형을 선고받은 제프 스킬링Jerrfey Skilling이 단적인 예다.

그는 미국 에너지 기업 엔론Enron Corporation의 CEO 시절, 직원들에게 욕설을 함부로 내뱉는 등의 무례하고 폭력적인 행동과 오만한 성격으로 악명이 높았다. 그는 자신에 주어진 권한을 악용해 독단적인 의사결정을 즐겼고, 감시와 견제 기능을 상실한 지배구조와 강압적인 조직문화를 만들어냈다. 리더의 막강한 권한에 따른 정보 불균형과 감시 불완전성으로 인해 조직 전체에 도덕적인 해이가 만연해졌다. 그는 자신의 자리를 연장시키고 더 많은 연봉을 받기 위해 실적을 조작하기에 이르렀다.

결국 엔론 회계부정 스캔들이 터지면서 그의 삶은 시궁창에 빠지고 만다. CEO가 되기 전까지의 그에 대한 평판은 그리 나쁘지 않았던 것으로 전해진다. 특별히 뛰어나지도 않고 특별히 문제가 있지도 않았으며 평범하고 괜찮았던 인물로 묘사된다. 다른 평가에 따르면, 맥킨지앤컴퍼니McKinsey & Company의 컨설턴트로 활동 당시 에너지 및 화학 컨설팅 분야에서 가장 젊고 유능한 컨설턴트로 이름을 알렸고, 부드러운 성격과 탁월한 역량을 갖춘 인물이라는 평판에 힘입어 엔론 파이낸스사의 회장 겸 최고 경영자가 되었다고 한다.

또 다른 인물 사례도 권력과 독선의 어두운 상관관계를 잘 드러낸다. 영국 RBSRoyal Bank of Scotland의 CEO였던 프레드 굿윈Fred Goodwin이 그 주인공이다. 그가 어느 날 사무실에 들어와 무언가를 발견하고 소스라치게 놀라며 담당자를 급히 불렀다. 그러고는 "다시 한번 이런 일이 일어나면 단호하게 조치하겠다."라고 호통을 쳤다. 그 이유는 단순했다. 중역실 테이블에 놓인 모닝커피 옆 그릇에 들어 있는 과자 중에 싸구려 과자가 섞여 있어서였다.

마치 제국의 폭군마냥 권위주의적 통제와 전횡을 일삼던 굿윈의 이 같은 리더십은 결국 파멸적 결과로 귀착되었다. 그가 이끈 RBS는 돌이킬 수 없는 수준의 손실로 파산 위기에 몰렸다가 공적자금으로 국유화되어 버렸기 때문이다. 그의 몰락에 대해 많은 이들이 권력의 중독을 지적하며, 잘못된 권력 남용에 의한 독단적인 선택과 결정이 불러온 파국이라고 진단한다. 프레드 굿윈 역시 처음부터 폭군처럼 권력을 휘두르며 조직을 위협에 처하게 하는 권력의존형 리더는 아니었다. 임기 초 그는 네덜란드 은행인 ABN암로ABN AMRO 인수를 성사시키는 등 회사의 자산을 네 배나 불린 탁월한 CEO였다. 그는 8년 만에 RBS를 자산 기준 세계 최대, 주가총액 기준 세계 5위의 대기업으로 만든 장본인이었다.

이안 로버트슨Ian Robertson 교수는 자신의 저서 『승자의 뇌 The Winner Effect』에서 권력의 부작용에 대해 "권력은 다른 사람을 통제 혹은 조종할 수 있는 힘이다. 그런데 권력은 종종 다른 사람만 조종하는 게 아니라 권력을 가진 당사자마저 바꿔놓는다."라고 지적했다. 평범하고 온화했던 사람이 권력이 있는 자리에 오른 뒤 오만하고 폭력적으로 변하는 경우를 우리는 종종 발견한다. 남의 목소리에 귀를 잘 기울이던 사려 깊은 정치가나 사업가 역시 권좌에 오래 앉아 있으면 독선적이고 안하무인형 인간으로 변할 수 있다는 것이다.

사람은 자신이 두려워하고 불안해하는 것들에 관해 통제력을 갖기 원한다. 그리고 이는 권력이라는 이름으로 나타나곤 한다. 그렇지만 권력을 통해 조직을 통솔하는 리더는 결국 그 통제로 인해 무너지기도 한다. 기업환경이 더욱 복잡하고 다변화될수록 윽박지르듯 힘밖에 쓸 수 없는 '초라한 권력'으로는 조직을 통제하기에 부족한 상황이 반드시 오기 때문일 것이다.

2

영향력의 열쇠는 리더의 솔선수범

'백 마리째 원숭이 현상'과 리더

1950년 일본 미야자키 현 고지마幸島에 20여 마리의 야생 원숭이가 살고 있었다. 일본 교토대京都大学, Kyoto University 영장류 연구소 학자들이 이 원숭이들에게 흙이 묻은 고구마를 나눠주고 어떻게 먹는지를 관찰했다. 처음에 원숭이들은 고구마를 묻은 흙을 손으로 털어 먹었는데, 어느 날 18개월 된 원숭이 한 마리가 강물에 고구마를 씻어 먹었다. 그러자 다른 원숭이들도 하나둘 이를 흉내내기 시작했다. 그리고 점차 씻어 먹는 행위가 원숭이들의 새로운 행동양식으로 굳어지게 되었다.

고구마 씻기를 하는 원숭이가 일정 수준 이상으로 늘어나자 이번에는 고지마 섬 이외 지역의 원숭이들 사이에서도 똑같은 행위가 동시다발적으로 나타났다. 불가사의하게도 그곳에서 멀리 떨어진 다카자키高崎 산을 비롯한 다른 지역 서식 원숭이들까지도 고구마를 씻어 먹는 게 발견되었다. 접촉이 전혀 없고 의사소통도 할 수 없는 상황임에도 마치 긴급신호라도 보낸 것처럼 정보가 전달된 것이다.

미국 과학자 라이얼 왓슨Lyall Watson은 이를 '백 마리째 원숭이 현상The Hundredth Monkey Phenomenon'이라고 이름 붙였다. 이는 어떤 행위를 하는 개체의 수가 일정량이 달하면 그 행동이 그 집단에만 국한되지 않고 공간을 넘어 확산되어 간다는 현상을 일컫는다.

지미 카터의 못질과 해비타트 운동

리더에게 중요한 것은 처음 고구마를 씻어 먹는 원숭이와 같은 행동이다. 리더가 먼저 행동하고 모범을 보이면 조직원들은 그 행동에 의해 영향을 받게 된다. 하지만 먼저 행동에 나서는 리더는 조직에 그리 많지 않다. 이런 행동에는 희생이 따르기 때문이다. 솔선率先은 말 그대로 남보다 앞장을 선다는 의미다. 아직 한 번도 검증되지 않은 길, 무엇이 있을지 모르는 미지의 길을 홀로 가야 하는 길에는 위험이 뒤따르기 마련이다.

조직 내 누군가가 본받을 만한 특징적인 행동을 보여줄 경우 조직원들의 행동에 변화가 일어나기 마련이다. 그런데 많은 기업에서 조직원들의 신념과 가치관을 먼저 바꿈으로써 행동변화를 강제하려고 한다. 이럴 경우 대체적으로 그 계획은 실패하기 십상이다. 이와 관련, 미국 펜실베니아 대학의 와튼 스쿨 경영학과 교수 그레고리 셰어Gregory Shea는 "리더들은 신념과 가치를 강조하면 자연스럽게 문화가 조성되어 행동의 변화가 일어날 것으로 생각하지만, 실제로는 행동이 신념과 가치를 변화시키고 문화를 변화시킨다."라고 지적한다. 미 육군 야전교범 6-22, 군 리더십Field Manual FM 6-22, Leader Development에서는 여러 장에 걸쳐 리더의 덕목으로 솔선수범Leads by Example을 지목하며 그 중요성을 강조하고 있다.

> 리더는 자신들이 인식하든 인식하지 못하든 그 자체로 모범이 된다. 그들이 내리는 판단이나 취하는 행동은 부대원들에게 귀감이 되며, 이들의 행위는 향후 리더가 될 부대원들의 행동이 된다. 따라서 본보기가 되는 것이 중요하다.

미 육군 야전교범에서는 솔선수범 리더십의 핵심을 나보다 남을 위하는 이타적 품성이라 정의했다. 즉 나보다 남을 위하는 희생정신이 리더에게 중요한 성품이며, 이러한 리더의 솔선수범이 부대원들의 행동을 변화시킬 수 있다는 것이다.

지미 카터는 대통령 임기를 마친 후 가난한 사람들을 위해 집을 지어주겠다는 소명의식을 품었고 그 일에 많은 사람들이 동참하기를 희망했다. 그는 은퇴 후 자신의 사명을 위해 순회연설 대신 직접 망치를 들고 못질을 하는 해비타트 운동Habitat for Humanity에 동참했다. 몇 달이 지난 후 미국인들은 그가 직접 망치를 들고 못질을 하는 모습을 TV에서 보게 되었다. 그때부터 지미 카터는 비로소 자신의 비전을 사람들에게 들려주었다. 사람들은 그의 진정성 가득한 말에 귀를 기울였다. 이후 많은 사람들이 그의 비전에 공감하고 기꺼이 그 대열에 동참했다.

1976에 시작된 국제 해비타트(사랑의 집짓기 운동)는 지미 카터의 가세로 국제 사회에 널리 알려지면서 지금까지 그 대열이 이어지고 있다. 그는 약 4,331 가구의 주택을 새로 짓거나 수리하는 데 공헌했고 10만 명의 자원봉사자들과 함께 14개 나라에서 집짓기 운동을 펼쳤다. 그의 아름다운 비전에 많은 대중들이 함께할 수 있었던 것은 그의 헌신적 삶에 많은 사람들이 공감하고 그의 노력과 열정이 지역사회에 커다란 영향을 미쳤던 덕분이다.

그는 헌신의 모습을 보여줌으로써 단순한 모금활동에 그쳤던 기존 자선활동의 빈약함을 극복하면서 새로운 사회공헌 캠페인의 모범을 세우는 데 공헌했다. 2021년 기준 세계 78개국에서 연간 50만 명이 집과 마을을 짓고 거기에 희망을 심는 데 동참하고 있다.

첫 번째 원숭이가 되어야 할 이유

다시 백 마리째 원숭이 이야기로 돌아가 보자. 고구마를 물에 씻는 행위를 보고 누군가는 손가락을 들어 비난하고 무리 속에 섞이지 않는 이상한 행동이라고 지적할지도 모른다. 하지만 리더는 남들이 그냥 먹는 고구마를 묵묵히 물에 씻는다. 자신의 행동으로 인해 누군가는 자신처럼 고구마를 씻게 될 것이라는 신념 때문이다. 자신의 행동이 조직을 변화시킬 수 있다는 믿음을 갖고 있기에 중도에 포기하지 않는다.

이같이 리더가 행동으로 모범을 보이면 리더십에 신뢰가 쌓이게 된다. 그 신뢰는 조직원들 마음속을 파고들며 강한 변화의 바람과 만나게 된다. 훌륭한 리더에게 필요한 것은 아무도 하지 않는 일을 행동으로 옮기는 용기다. 새로운 길을 걷는 첫 번째 원숭이가 되어야 할 이유일 것이다.

장님이 등불을 든 이유

어느 나그네가 캄캄한 밤길을 걸어가고 있었다. 한참 길을 걷다 보니 앞쪽에서 등불이 반짝이는 게 보였다. 나그네는 얼른 등불이 있는 곳으로 달려갔다. 그런데 이게 웬일인가? 등불을 든 사람은 앞을 못 보는 장님이었다. 나그네는 어이가 없다는 듯 장님에게 물었다. "당신에게는 등불이 필요 없을 텐데, 왜 등불을 들고 나왔습니까?" 그러자 장님이 말했다. "나는 등불이 필요 없지만 다른 사람에게는 도움이 될 것 같아 들고나왔어요." 이 말을 들은 나그네는 그만 얼굴이 붉어지고 말았다. 탈무드에 나오는 얘기다.

급변하는 경영환경 변화와 경제위기로 인해 기업생존이 위태로울수록 리더의 헌신과 구성원의 충성심이 요구된다. 그렇지만 현실은 그 반대로 흘러갈 때가 더 많다. 불확실성 환경은 조직의 근간을 흔드는 위험요소로 작용한다. 그것은 조직 구성원들로 하여금 조직을 향한 구심력이 아닌 자기보호를 위한 이기적 행동에 쏠리는 원심력으로 작용할 가능성을 높인다. 이런 경향이 지속되면 조직의 환경 적응력은 급격히 저하되고 심각한 경영위기와 맞닥트리게 된다.

개인주의와 조직의 위기, 그 숙명에 맞서는 리더

언제 닥칠지 모르는 조직의 위기와 마주하는 것은 언제나 리더의 숙명 같은 것이다. 위기국면은 리더의 자질을 가늠하는 잔인한 시험대이기도 하다. 시험대에 오른 리더가 위기상황을 견뎌내고 그 위기를 기회로 바꿔낸다면 숙명에 맞서는 유능한 리더로 거듭나게 된다. 조직운영의 난맥상은 대개 외부환경에 의한 매출하락이나 경영수지 악화보다는 그것으로 촉발된 조직 구성원들의 자기중심적 풍토에서 그 심각성을 드러낼 때가 많다. 그 풍토를 깨뜨리고 조직 전체를 일사불란한 체계로 묶어 위기국면을 헤쳐나가는 일은 결코 쉬운 일이 아니다.

조직과 전체를 위해 자신을 헌신함으로써 궁극적으로 모두가 이익을 얻자는 방향 제시가 적절하다 하더라도 그것이 요란한 구호에 그친다면 조직의 혁신과 변화를 기대하기 어렵다. 위기상황일수록 개인주의로 흩어진 조직 구성원들을 결속시키는 리더의 역할이 강조된다. 이때 리더에게 가장 요구되는 게 행동으로 솔선수범하는 헌신의 리더십이다.

　다시 탈무드의 이야기로 들어가 보자. 자신보다 남을 먼저 생각하는 장님의 마음은 세상을 밝게 비추는 등불이 되었다. 희생을 마다하지 않는 리더는 이 우화에 나오는 장님과 같다. 어떤 대가나 유익이 돌아오지 않더라도 자신이 등불이 되어 세상을 비추고자 한다. 이 등불은 깊은 어둠 속에 길을 안내하는 가이드가 되고, 나그네들의 안전한 귀가를 돕는 선한 영향력을 발휘한다. 이 헌신은 나그네에게 이타심이라는 가치를 깨우치게 하고 행동을 변화시킨다. 결국 하나의 등불이 둘이 되고 셋이 되어 세상을 환하게 변화시키는 것이다.

자신의 목숨을 내놓고 기꺼이 망을 보는 새

　중동지역에 서식하는 아라비안 노래꼬리치레Arabian Babbler라는 새가 있다. 이 새는 작은 공동체를 이루며 집단생활을 하는데, 리더 역할을 하는 새들은 식사하는 동료들을 위해 나무꼭대기에 앉아서 망을 본다. 그러다가 포식자가 출현하면 경고음을 낸다. 사실 이런 행동은 자신의 목숨을 내놓을 정도로 위험한 일이다. 하지만 이들은 기꺼이 이런 위험을 감수하면서도 망보기를 멈추지 않는다.

이스라엘 행동생태학자인 아모츠 자하비Amotz Zahavi 박사에 의하면, 이런 행동은 그만한 위험도 무릅쓸 수 있을 정도의 탁월한 능력과 의향이 있음을 과시하는 신호라고 말한다. 보초를 더 오래 서고 위험을 무릅쓸수록 집단 내에서 영향력, 즉 지위와 짝짓기 서열이 올라가기 때문이라는 것이다.

노래꼬리치레의 망보기와 같은 장님의 등불은 다른 사람들을 위한 것이지만, 한편으로는 조직을 이끄는 리더 스스로를 위한 것이기도 하다. 등불은 사람들이 장님이 걸어가는 것을 인지하게 함으로써 자신 또한 보호를 받는 중요한 장치가 되기 때문이다. 희생의 리더가 등불을 비추는 곳은 비단 어두운 길거리뿐 아니라 자기 자신이기도 하다. 자신의 희생과 헌신을 통해 더욱 강한 영향력을 발휘하며 결과적으로 자신의 원하는 목적지로 조직을 이끌 수 있기 때문이다.

결연한 자기희생이 필요할 때

    2020년 3월 11일 세계보건기구WHO가 코로나19 팬데믹을 공식 선언한 뒤 불과 3개월이 채 지나지 않은 2020년 6월까지 미국에서 3,427개의 기업이 파산보호 신청을 했다. 코로나로 촉발된 불황이 장기화되면서 극심한 경영난에 허덕이는 기업들이 급증한 것이다. 상황이 이렇다 보니 많은 기업들이 고육계苦肉計를 통한 생존책을 모색하게 되었다. 지금 당장은 고통스럽더라도 제 살을 도려내는 자구책을 통해서라도 살아남겠다는 의지의 반영이다.

    많은 리더들이 구조조정, 권고사직 등 어떤 방식이든 환부를 도려내 생존의 길을 열겠다는 생각으로 칼을 꺼내 들었다. 리더들 스스로도 자진해서 연봉을 삭감했다. 심지어 1달러 연봉을 자처하는 리더도 생겨났다. 결연한 자기희생의 경영선언이라 할 수 있다. 또한 급변하는 경영환경과 위기에 대응하기 위한 전략으로서 희생이라는 카드를 뽑아 든 것이라 할 수 있다.

적벽대전의 한 수, 조조를 속인 황개의 고육계

고육계는 중국의 손자병법 삼십육계三十六計의 34번째 전략이다. 고육계는 삼국지의 적벽대전에서 사용된 전술로 유명하다. 위나라 조조가 오나라를 공략하기 위해 장강(長江, 양자강)에 백만 대군을 배치했을 때다. 오나라와 촉나라는 연합을 해서 위나라에 맞서고 있었다. 조조의 대군이 침략하자 오나라 전군을 지휘하던 주유周瑜는 아군의 수가 절대적으로 부족하다는 것을 알고 고민에 빠진다.

이때 노장인 황개黃蓋가 고육지책을 사용하자는 의견을 제시한다. 자신이 거짓 항복을 한 후 조조 진영의 배에 불을 지르는 화공을 펼치겠다는 계획이었다. 문제는 조조를 속일 수 있는 묘책이었다. 오나라 진영에 조조의 첩자가 들어와 있다는 것을 알고 있었기에 함부로 전략을 의논하기도 어려운 상황이었다. 결국 황개가 자신의 몸에 상처를 입히고 적을 속이겠다는 은밀한 작전을 세우게 된다.

작전 계획을 다 세운 후 주유는 장수들을 모아놓고 전투 준비를 명령한다. 그러자 황개가 주유의 명령에 반기를 들며 차라리 항복하는 게 나을 거라고 주장한다. 조조의 군사가 너무 많아 패배할 것이 분명하다는 이유를 내세웠다. 이 말에 크게 노한 주유가 황개에게 곤장 100대를 때리라고 명한다. 황개는 그 곤장을 맞고 살갗이 터지는 등 피투성이가 된다.

그날 밤 황개는 조조에게 자신이 투항하겠다는 문서를 몰래 보낸다. 조조는 오나라 진영에 잠입한 첩자들의 보고를 받은 후 황개의 투항 의사가 거짓이 아니라고 믿게 되었다. 그리하여 황개는 기름을 잔뜩 실은 배를 끌고 아무런 경계도 받지 않은 채 조조 진영에 접근할 수 있게 되었다. 그런 후 조조 진영의 위나라 배들을 태워버리는 데 성공하며 위나라 진영에 심각한 타격을 입히게 된다.

생존을 위해 모든 것을 걸었던 하이닉스의 기사회생

기업 사례로 들어가 보자. 1998년 출범을 앞둔 김대중 정부가 기업 구조조정 수단으로 '빅딜'이라는 카드를 꺼내들었다. 빅딜이란 대기업 간에 계열사를 맞바꾸는 사업교환을 일컫는 말이다. 대기업의 문어발식 확장을 견제하고 건전한 기업문화를 추구하기 위해 대기업의 비주력 및 부실 계열사를 그룹 간 상호 인수 및 매각을 추진하는 정책이었다.

이에 따라 LG와 현대의 반도체 사업통합 등이 추진되었다. 1999년 7월 현대전자는 LG반도체의 지분 59%를 인수했고 현대그룹에서 분리돼 하이닉스로 사명을 변경했다. 당시 현대전자의 자산은 1998년 말 기준 12조 5천178억 원에서 1999년 말 기준 20조 3천886억 원으로 급격하게 불어난 상태였다. 그런데 이 시기 IT 거품이 붕괴되면서 반도체 값이 급락하는 사태가 벌어졌다. 결국 하이닉스는 부채상환 만기일이 한꺼번에 몰리면서 유동성 자금위기에 빠진다. 그 결과, 2001년 10월 하이닉스는 채권 금융회사들의 공동관리에 놓이게 된다.

하이닉스가 생사기로에 놓이게 되자 정부는 2002년 하이닉스의 퇴출을 결정한다. 이 시기 하이닉스의 적자가 5조 원, 부채는 8조 7천억 원에 이르렀다. 독자생존이 불가능해 보였다. 설상가상으로 세계적으로 넘쳐나는 D램 공급이 반도체 가격을 걷잡을 수 없게 떨어트렸다. 상황이 이렇게 되자 정부는 하이닉스를 마이크론에 매각하기로 결론을 내린다. 당시 부총리를 비롯해 청와대 경제수석, 금융감독원 부원장보, 신용감독 국장 등 정부 관료들은 이구동성으로 하이닉스의 매각을 거칠게 몰아붙였다.

2002년 4월 30일 하이닉스 매각을 위한 이사회가 개최됐다. 오전 7시 30분부터 시작된 이사회는 오후 1시가 지나서야 끝이

났다. 최종 결론은 부결이었다. 하이닉스가 선택할 수 있는 카드는 아무것도 없게 되었다. 오로지 자력으로 생존하는 것뿐이었다. 팔을 자르고 다리를 자르더라도 생명을 부지해서 살아남는 것만이 하이닉스의 마지막 선택지가 되었다.

하이닉스 노조가 구체적인 자구책이 포함된 지지성명을 발표했다. 그 성명에는 4년간 임금동결, 최고경영자 6개월 무보수 근무, 임원수 30% 감축, 직원 45%(1만 명) 감원이라는 파격적인 내용을 담고 있었다. 본사도 생존을 위한 마지막 카드를 꺼내들며 화답했다. 반도체를 제외한 모든 것을 다 매각하기로 결정한 것이다.

이 결정에 따라 걸리버 농구단, 영동 사옥, HDD업체 맥스터 지분, 현대큐리텔, TFT-LCD 등 비메모리 사업을 모두 매각했다. 자동차 전장 사업부문, 모니터 사업부문 및 전자제품 A/S 전담부서 또한 매각해 버렸다. 오직 반도체만 남겨놓고 모든 것을 팔아버린 것이었다. 조직 구성원들의 헌신도 뒤따랐다. 엔지니어들은 한 달 이상 퇴근하지 않고 회사에서 기숙하며 기술개발에 전념했고, 노후장비를 개선해 최첨단 반도체를 만드는 신기술을 개발했다.

2005년 7월 12일 오직 생존을 위해 모든 것을 걸었던 하이닉스는 마침내 공동관리에서 벗어난다. 공동관리에 들어간 지 3년 9개월 만의 일이었다. 그 기간 동안 주가는 125원에서 2만

2,050원까지 뛰어 무려 176배의 증가세를 과시했다. 순이익 기준으로 삼성전자, POSCO, 한국전력에 이어 4위에 진입하는 쾌거였다. 또한 세계 D램 시장에서 마이크론을 제치고 2위 자리를 되찾았다. 생존을 위해 모든 것을 걸었던 하이닉스 전 구성원들의 헌신이 만든 결과였다. 하이닉스는 자신의 팔과 다리 같은 자회사를 매각하는 고육계를 통해 생존했다.

고육계는 희생의 전략이다. 자신을 내어줌으로써 조직을 살려내는 전략이다. 고육계가 성공하기 위해서는 말로만 떠드는 희생만으로는 불가능하다. 고육계는 리더를 중심으로 모든 구성원들의 희생이 있어야만 가능한 전략이다. 황개가 자신의 몸을 내어주며 투항서를 보내지 않았다면 그 작전은 성공할 수 없었을 것이다. 전략으로서의 희생은 막강한 파급력만큼 손해와 헌신을 요구하는 최후의 선택지라 할 수 있다. 조직을 변화시키려는 리더, 조직을 살리려는 리더는 자신이 어떠한 희생을 감당할 수 있을지를 고민해 볼 필요가 있다.

난쟁이몽구스

생김새 때문에 고양이족제비라고도 불리는 난쟁이몽구스는 아프리카에서 가장 작은 육식동물이다. 이들은 5~30마리가 무리를 지어 생활하는데, 작은 몸집 때문에 늘 다른 동물들의 위협 속에 살아간다. 이 같은 위험 때문에 난쟁이몽구스 무리들은 자신의 생존을 위해 파수꾼을 세운다. 파수꾼으로 뽑힌 난쟁이몽구스는 매일 서른 번 이상의 휘파람 경고를 보냄으로써 동료들을 위험으로부터 벗어나게 한다.

난쟁이몽구스 무리는 나흘에 한 번꼴로 적의 공격을 받지만, 파수꾼의 존재 덕분에 적들의 침략 위기에서 벗어나기도 하고 마음놓고 식량 찾는 일에 전념하게 된다. 이때 파수꾼 역할을 하는 난쟁이몽구스는 무리에서 벗어나 무리들이 충분히 휴식을 취하고 먹이를 먹을 때까지 자신들은 한 시간 또는 그 이상 아무것도 먹지 못한 채 자신의 임무를 책임져야 한다.

또한 언덕 꼭대기 같은 노출된 장소에 서 있어야 하므로 적의 공격시 가장 큰 위험에 처하게 된다. 하지만 파수꾼 난쟁이몽구스는 자신의 역할을 포기하는 경우가 없다. 그렇게 해야만 자신들의 종족을 보존하고 공동체를 유지할 수 있기 때문이다. 오랜 경험 속에서 자신이 속한 무리의 삶이 계속 이어지는 유일한 방법임을 잘 알고 있는 것이다.

리더가 가장 먼저 해야 할 일은 피라미드를 뒤집는 것

동물 세계에서의 희생은 목숨을 감수하는 위험한 일인 경우가 많다. 실제로 난쟁이몽구스의 67%가 파수꾼 역할을 하다 죽는다고 한다. 종족과 공동체를 위해 자신을 희생하는 행위는 동물 생태계에 흔히 볼 수 있는 생존전략이기도 하다.

책임감을 다하기 위해 위험을 감수하는 리더들은 난쟁이몽구스의 파수꾼과 닮아 있다. 헌신하는 리더는 자신이 배를 곯거나 위험에 처해도 조직을 위해 손해를 감내하기 때문이다. 묵묵히 자신이 해야 할 바를 수행하고 대가를 바라지 않는다. 이를 통해 조직이 외부의 힘에 버틸 수 있고 지속 가능한 동력을 만들어간다. 이런 리더의 희생은 조직에 가장 강력한 동기부여 스토리가 된다. 그리고 그것은 다시 조직에 뿌려져 선한 영향력을 행사하게 된다.

세계 최고의 싱크탱크라 불리는 랜드연구소RAND Corporation의 연구원이자 전략 커뮤니케이션 전문가인 사이먼 시넥Simon Sinek은 그의 저서 『리더는 마지막에 먹는다Leaders Eat Last』에서 탁월한 리더십의 사례로 미 해병대를 언급한다. 해병대에서는 최하급자가 가장 먼저 배식을 받고 최상급자가 가장 나중에 배식을 받는다. 자신보다 기꺼이 타인의 필요를 우선할 수 있는 마음가짐이야말로 리더십에 따르는 진정한 의무이며, 리더십이라는 특권을 누리기 위해서는 사리사욕을 희생할 필요가 있다는 것을 이해해야 한다는 이유에서다. 리더가 가장 먼저 할 일은 피라미드를 뒤집는 것이다. 그리고 자신은 피라미드의 맨 밑으로 내려가 다른 사람을 섬기는 일에 초점을 맞추며 조직의 생존과 성장을 위해 헌신한다. 난쟁이몽구스의 파수꾼처럼 포식자의 먹이가 되는 위험과 굶주림의 위기를 감수하면서도 말이다.

리더의 지속적 희생을 조직원들은 잊지 않는다

최근 영국 브리스톨 대학교University of Bristol의 연구팀이 난쟁이몽구스에 관한 흥미로운 사실을 한 가지 발견했다. 난쟁이몽구스 집단 내에서도 역할에 대한 보상을 공정하게 한다는 점이었다. 실험 방식은 간단했다. 적이 등장할 때 동료에게 알리는 경고음을 연구팀에서 인위적으로 들려주었을 때의 반응을 살피는 것이었다.

연구팀의 경고음 소리가 전해지자 긴장을 늦출 수 없었던 몇몇 난쟁이몽구스 파수꾼들이 할당된 시간을 초과해 정찰업무를 하게 되었다. 그러자 동료들은 모든 정찰업무가 끝난 저녁, 초과근무를 한 난쟁이몽구스들에게 더 오랫동안 털 관리를 해주는 것이 목격되었다. 조직에서도 마찬가지다. 눈에 보이지 않는 리더의 헌신과 희생이 지속될 경우 조직 구성원들은 그것을 잊지 않고 기억한다. 또 그것에 영향을 받아 행동변화를 일으킨다.

리더의 솔선수범이 중요한 이유

춘추시대 오吳나라와의 1차 전쟁에서 패한 월越나라 왕 구천句踐이 오나라 군대에 의해 회계산會稽山까지 쫓기자 어쩔 수 없이 오나라 왕 부차夫差에게 굴욕적인 화친을 구걸한다. 이때부터 월나라는 오나라의 속국이 되어 오나라의 지배를 받게 된다. 구천은 오나라로 압송된 후 오왕 부친의 묘소 옆 석실에서 묘를 관리하고 말을 기르며 생활한다.

구천의 오나라에서의 3년간 노역은 노예보다 못한 삶이었고 갖은 능욕을 감당해야 하는 치욕스러운 천형이었다. 그는 온갖 굴욕을 참으며 오왕에게 충성을 다하는 것처럼 비굴하게 행동했다. 그 노력의 결과로 구천은 꿈에도 그렸던 자신의 조국으로 되돌아갈 수 있게 된다. 구천이 충성을 맹세하고 자신에게 순종하는 모습을 지켜본 오나라 왕이 경계심을 풀고 그를 풀어준 덕분이었다. 혹독한 시련을 온몸으로 견뎌내고 자기 나라로 돌아간 구천은 절치부심하며 월나라의 부국강병에 전념하게 된다. 3년 전 패배의 치욕을 잊지 않고 되갚아 반드시 복수하겠다는 마음이었다.

구천의 복수 출발점은 백성과 고락을 함께하는 것

가까스로 조국에 돌아온 구천이 재기를 꿈꾸며 제일 먼저 시작한 일은 백성과 함께 수고를 감당하는 일이었다. 그는 스스로 밭을 갈고 길쌈을 했고 고기는 먹지 않았다. 또한 이중으로 된 옷도 입지 않았다. 옷에 두 가지 이상 색깔을 사용하는 것 또한 피했다. 오나라의 명장 오자서伍子胥는 구천의 이 같은 모습을 전해듣고서 오나라 왕 부차에게 구천이 위험한 인물임을 경고한다.

오자서가 부차에게 보고한 내용 중에 눈여겨볼 메시지는 구천의 복수 계획에 관한 얘기나 국가전략에 필요한 중요사항과 거리가 멀다. 그는 오나라 왕에게 "신臣이 듣건대 구천은 두 가지 이상의 음식을 먹지 않으며, 백성과 더불어 고락을 같이 한다고 합니다."라고 보고했던 것이다. 오자서는 리더의 진정한 힘이 대단한 병법이나 전략에 있는 게 아니라 조직 구성원들과 함께 고락을 나누고 헌신하며 책임지는 모습에서도 나온다는 것을 잘 알고 있었던 인물이다. 아쉽게도 출중한 책사 오자서의 간언은 받아들여지지 않았다. 그 결과는 오나라의 참극으로 이어졌고, 오자서의 말로 또한 비극이라고 고대 역사는 전한다.

탁월한 리더십은 자원이 희소한 상황에서 이것을 어떻게 배분하느냐에서 알 수 있다. 희생의 리더는 위기상황에서 자신의 갖는 권리를 희생한다. 그것이 물자가 되었건 어떤 기회가 되었건 이를 포기하고 조직 구성원들 편에 설 줄 안다. 그리고 자신을 권리를 먼저 포기하는 행동을 통해 구성원들의 마음에 진정성 있게 침투하게 된다. 그 영향력은 대단히 강력해 조직 구성원들의 강한 동기부여로 이어진다.

'탁주 한 병을 흐르는 물에 쏟아붓는다.'는 뜻으로 장수가 병사들과 동고동락함을 의미하는 고사성어인 단료투천簞醪投川 또한 구천의 리더십이 잘 드러나는 대목이다. 그의 군대가 오랜 진군 끝에 모두들 갈증이 심해졌을 때였다. 이때 어떤 사람이 큰 광주리에 술을 담아 구천에게 전해졌다. 그는 그 술을 먹지 않았다. 대신 그 술을 그대로 강물에 던져 부하들과 함께 그 술이 흐르는 물을 마셨다. 물론 흐르는 강물에 술 한 병 부어봤자 술맛이 날 리 만무하다. 하지만 자신의 특권을 포기하고 함께하겠다는 의지를 본 병사들의 사기가 하늘 끝까지 올라갔음은 명백하다. 결과적으로 보면 구천의 재기는 성공적이었고, 구천에 의

해 오나라는 멸망하고 만다. 이 서사는 와신상담臥薪嘗膽이라는 유명한 고사성어와 함께 널리 알려진 역사다

모범을 보이는 게 사람에게 영향을 미치는 가장 좋은 방법

낮은 위치에서 조직원들과 함께 생활하며 솔선수범을 보인 구천의 리더십은 현재까지도 유효하다. 44년간 흑자를 낸 유일한 항공사이며, 아직까지 흑자행진을 기록하고 있는 미국 사우스웨스트 항공사Southwest Airlines를 살펴보자. 사우스웨스트 항공사의 창업자이자 CEO를 지낸 허브 켈러허Herb Kelleher의 생각은 늘 한 가지였다. '어떻게 하면 직원들을 행복하게 해줄까?' 하는 생각이다. 그는 언제나 직원들에게 솔선수범하는 모델이 되었다. 그가 전달하는 메시지는 아주 간단하지만 매우 강력했다. "직원들에게 잘 대해주어라. 그러면 직원들은 고객들에게 친절을 베풀 것이며 고객들은 단골 거래로 당신에게 보답할 것이다."

2002년 한일월드컵에서 대한민국을 4강에 올려놓은 히딩크 감독의 이야기를 해보자. 그가 대표팀을 맡고 보니 선수들의 식사시간과 옷차림이 제각각이었다. 이 상태로는 팀워크를 이룰 수 없다고 생각한 그는 선수 설득작업에 돌입했다. 어느 정도 시간이 흐른 후 식사시간이 제법 맞춰졌지만 여전히 연습시간의 복장은 통일되지 않았다. 이에 히딩크 감독은 연습시간에 선수

과 같은 유니폼을 입고 나타났다. 그 결과, 연습시간의 복장까지 통일이 되었다. 말로 설득하고, 안 되면 몸으로 설득하는 리더의 열정과 진심이 가져온 결과였다.

슈바이처Albert Schweitzer는 "모범을 보이는 것은 다른 사람에게 영향을 미치는 가장 좋은 방법이 아니다. 그것은 유일한 방법이다."라고 말하며 솔선수범의 중요성을 강조했다. 리더의 솔선수범은 구성원의 마음을 움직이고 하고 자발적으로 참여하게 만드는 강력한 힘의 원천이다.

왕이라고 해서
나 혼자만 물을 마실 수 없다

    리더의 영향력은 조직 구성원들의 인간관계를 기반으로 만들어진다. 리더십은 영향을 끼치는 관계에 의해 생성되고 확대되기 때문이다. 리더십은 두 사람 사이에서 한 사람이 다른 사람의 비전과 가치관, 태도, 행동에 영향을 주는 관계에서 나타난다. 희생정신이 강한 리더는 인격과 성품을 바탕으로 내면으로부터 긍정적인 인간관계를 형성해 나간다. 이러한 성품과 함께 출중한 역량까지 갖춘다면 타인으로부터 깊은 신뢰가 쌓이게 되며, 강한 영향력을 행사할 수 있게 된다.

    조직원들과 관계 구축은 마치 수확의 법칙과 같다. 성과에 연연하는 사람들은 결과가 빨리 도출되기를 바란다. 하지만 계절의 순환을 모두 거쳐야 열리는 열매와 같이 충분한 시간과 정성이 들어가야만 견실한 인간관계가 구축되기 마련이다. 세계적인 리더십 대가 스티븐 코비는 세계적인 초베스트셀러 『성공하는 사람들의 7가지 습관The 7 Habits of Highly Effective People』에서 감정의 은행계좌Emotional Bank Account라는 개념을 도입해 올바른 인간관계 구축방법을 설명했다. 인간관계에서 구축되는 신뢰의 정도를 은유적으로 표현한 것이다.

인간관계는 장기간의 투자와 노력이 필요하다

만일 우리가 다른 사람에게 공손하고 친절하며 또 정직하게 약속을 잘 지킨다면 우리는 감정을 저축하는 셈이 된다. 그렇게 된다면 나에 대한 타인의 신뢰가 높아지기 때문에 나는 필요할 때마다 그들의 신뢰에 의지할 수 있게 된다. 행여 내가 실수를 하더라도 내 감정계좌에 잔고, 즉 신뢰잔고가 많이 남아 있다면 그 실수를 상쇄하고도 여전히 여유가 있을 것이다. 물론 잔고는 상대방의 오해 등으로 인해 자신도 모르게 자동인출되는 경우가 많기 때문에 수시로 적립해야 하고 충분한 양을 저축해 놓아야 한다.

잔고가 얼마나 될지 모른다고 생각될 때에는 신중한 접근이 필요하다. 상대의 의견을 존중하며 경청하는 자세를 유지해야 하고 항상 친절한 자세로 대하며 선물을 하는 등 신뢰 예입에 만전을 기해야 한다. 평소 예입에 소홀하다가 필요에 의해 긴급 대응을 하게 되면 잘못된 인간관계로 이어질 가능성이 크다. 인간관계 정립과 회복에는 장기간의 투자와 노력이 필요하기 때문이다.

이처럼 인간관계 계좌는 우리 삶에 중요한 역할을 하는 사람들과의 건강한 관계를 만들어가는 정도를 지표로 나타낸 것이다. 수많은 자기계발서에서 인간관계를 스킬로 간주해 이를 개선하기 위한 방법을 제시하곤 한다. 그런데 인간관계를 기술적인 측면에서만 바라보기보다는 지속적인 신뢰와 소통에 의해 형성되는 인격적인 측면을 적극 수용해야 한다.

알렉산더 대왕이 인도를 향해 진군하던 때의 일이다. 무더운 날 광활한 사막을 지나는데, 모두 목이 말라 쓰러질 지경이었다. 알렉산더는 지친 병사들을 독려하며 계속 전진했다. 태양이 머리 위로 이글거리는 정오 즈음, 두 명의 병사가 물을 찾아 투구에 담은 후 왕 앞에 내놓았다. 그 광경을 병사들 모두가 지켜보고 있었다. 알렉산더는 한치의 망설임도 없이 그 물을 모조리 땅바닥에 쏟아버렸다. '모든 병사들이 다 목마른데, 왕이라고 해서 나 혼자만 물을 마실 수는 없다.'는 의지 표현이었다. 그는 부하 병사들과의 진실한 관계형성을 위해 자신의 권한과 참기 힘든 욕구를 포기했다. 자신의 고귀한 신분을 내려놓고 모든 병사와 동일한 처지에 놓겠다는 그의 모습이 병사들의 마음을 헤집고도 남았을 것이다.

관계를 형성하는 기술은 결코 자동화되지 않는다

경영기술과 IT기술의 고도화와 코로나로 인한 비대면 문화가 조직에 빠르게 스며들고 있고 그 비중이 높아지고 있다. 대면 접촉이 제한되는 이런 상황들은 인간관계 구축을 저해하는 방향으로 작용될 가능성이 높아진다. 신기술과 소셜네트워킹 플랫폼은 새로운 연결을 유발하고 관계를 유지하는 새로운 방법을 제공하지만, 신뢰를 쌓아가며 밀접한 인간관계를 맺을 수 있는 대면을 통한 일대일 관계와 소통과는 거리가 꽤 있다.

관계를 형성하는 기술은 결코 자동화되지 않는다. 조직에서 비대면 문화가 확산될수록 역설적으로 중요해지는 것은 경청, 공감, 갈등해소 같은 요소들이다. 비대면 시대의 경영환경이 디지털 방식으로 급속하게 변하는 만큼 아날로그적인 소통과 관계형성의 갈증이 커지게 된다.

코로나 이후 재택근무와 유연근무제와 같은 새로운 업무방식이 뉴노멀New normal로 자리 잡고 있다. 지금의 코로나 팬데믹이 종식된다 하더라도 또 다른 팬데믹의 도래 가능성이 엄존하고, 어찌됐든 코로나 이전의 조직문화로는 돌아갈 수 없다. 그런 측면에서 비대면 환경에서 어떻게 인간적인 교류를 가능케 할지 심사숙고하는 게 리더십에 주어진 새로운 숙제임이 틀림없다. 비대면 회의에서 구성원들의 적극적인 참여에 바탕해 소속감, 신뢰감, 친밀감 등의 소통과 인간적인 교류를 활성화할 수 있는 방안과 그 운용의 묘를 찾는 노력이 단적인 예가 될 것이다. 비대면 시대를 맞아 지금까지 겪어 보지 못한 새로운 환경에서의 리더십 콘텐츠를 고민하게 되었지만, 그럼에도 리더십 본질은 바뀌지 않을 것이다. 리더들의 더 많은 노력이 필요할 뿐.

리더는 절대·무한·불멸의 책임을 진다

조선 최악의 파락호,
김용환의 고뇌와 희생적 삶

　일제강점기 때다. 경상북도 안동에서 선비 가문에 먹칠을 하는 장손이 나왔다. 그것도 권세와 재력을 갖춘 명문가에서 말이다. 김용환은 안동 일대에서 명성이 높은 의성 김씨 종가의 장손으로 태어났다. 그는 조선시대의 저명한 유학자 학봉 김성일의 13대손이다. 김성일은 조선 중기의 뛰어난 성리학자로서 퇴계 이황의 수제자로 알려져 있다.

　그는 1590년에 통신부사通信副使가 되어 정사正使 황윤길 등과 함께 일본으로 건너가 이듬해인 1591년 일본에서 돌아와 황윤길과 달리 일본이 침공해오지 않을 것이라 보고했다. 그 보고로 인해 그는 1592년 임진왜란이 발발하자 처형 위기에 놓였으나 구사일생으로 연명했다. 이후 경상도 지역에서 의병장 곽재우와 협력하며 전공을 세우며 자신의 과오를 만회했고 진주에서 관군을 이끌며 싸우다 순국했다.

김용환의 숨겨진 비밀, 도박자금이 독립군자금으로

김성일의 13대손 김용환은 가문의 기대와는 달리 조선 전체에서 손꼽히는 도박꾼이자 파락호破落戶로 이름을 떨쳤다. 『나의 양반문화 답사기』의 저자 윤학준 교수는 조선 3대 파락호로 흥선대원군 이하응, 1930년대 형평사 운동의 주역인 김남수와 함께 김용환을 꼽았다. 당시 안동 일대 노름판에는 김용환이 꼭 끼어 있었다고 전한다. 그는 초저녁에 놀음을 시작해 새벽녘이 되면 모든 판돈을 걸고 마지막 배팅을 했다고 한다. 배팅에 실패해 돈을 잃으면 "새벽 몽둥이야."라고 크게 외치곤 했는데, 그럴 때면 어디선가 20여 명의 장정들이 몽둥이를 들고 나타나 판돈을 자루에 쓸어 담고 사라졌다고 한다.

그의 노름이 갈수록 심해져 중증에 달하게 되어 도박하느라 아내가 아이를 낳은 줄도 몰랐다고 한다. 그는 땅 700마지기를 노름으로 날리고도 다음날이 되면 땅문서를 들고 투전판으로 달려갔다. 가문의 명예 추락은 물론이고 수백 년간 내려오던 전답 18만 평도 모두 노름빚으로 탕진하고 말았다. 그런데 이를 지켜보던 문중 사람들이 그를 비난하면서도 십시일반으로 돈을 모아 집과 전답을 되사주곤 했다. 문중의 구심점인 종가가 망하면 문중 자체가 몰락하는 게 염려되어서였다.

하지만 이런 문중 자손들의 노력에도 불구하고 그의 노름 행각을 멈추게 할 수 없었다. 외동딸이 시집갈 때 시가媤家에서 장롱을 마련하라고 준 돈 역시 도박으로 탕진했고, 결국 외동딸은 친정 할머니가 쓰던 헌 장롱을 들고 울면서 시집을 간 일화도 전해지고 있다. 심지어 그는 외동딸의 혼인 때도 모습을 드러내지 않았다.

이렇게 도박에 미쳐 집안을 등한시했던 김용환의 행동에는 사실 숨겨진 비밀이 있었다. 도박으로 탕진한 그의 재산이 비밀리에 만주 독립군에게 보내지고 있었던 것이다. 노름판에서 재산을 날리던 모습은 일제의 감시망을 피하고 재산의 행방을 묻는 사람들을 속이기 위한 위장행위였던 것이다. 딸의 혼인날 행방을 알 수 없었던 것도 군자금 관련 혐의로 형무소에 구금되어 있었기 때문이다.

눈에 잘 드러나지 않는 헌신적인 리더의 존재

1946년 그의 임종 당시 독립군 동지 하중환이 "이제 돈을 만주에 보낸 사실을 말해도 되지 않겠나?"라고 물었을 때 김용환은 "선비로서 마땅히 해야 할 일을 했을 뿐이니 말할 필요 없다."라고 한 뒤 숨을 거뒀다. 그의 의로운 행적과 고뇌 가득했던 삶은 많은 시간이 흐른 뒤 세상에 알려지게 되었다. 1995년 정부는 그에게 건국훈장 애족장을 추서한다.

현대 사회는 이타적이고 희생적인 삶에 대해 인색한 편이다. 또한 그러한 삶을 애써 존중하거나 추구하려고는 하지 않는다. 그런 삶은 역사 속에서나 존재하는 도덕 교과서 같은 교훈을 줄 뿐 현재의 삶에 이익을 주지 않는다는 이해타산적 인식 때문일 것이다. 하지만 희생의 가치는 이기주의가 만연하는 현대 사회에서도 여전히 커다란 영향력을 미치고 있다. 이기주의의 틈새를 헤집고 눈에 보이지 않는 곳에서 조용히 세상을 변화시키는 힘으로 작용하고 있다.

가장 현실적인 가치가 지배하는 기업조직에서도 마찬가지다. 눈에 잘 드러나지 않는 헌신적인 리더의 존재가 그 조직을 건실하게 뒷받침하고 있는 사례는 조금만 눈을 돌려 보면 여기저기서 찾아볼 수 있다. 조국 해방을 위해 장손이라는 가문의 명예와 막대한 재산을 아낌없이 버린 김용환의 삶은 그 자체로 감동이다. 세상 사람들의 경멸을 마다하지 않았고 심지어 외동딸에게까지 원망과 미움을 받으면서도 자신의 신념을 지켰던 그의 삶은 큰 여운을 주고도 남음이 있다.

조직의 엔트로피를 낮추는
리더의 헌신

    1850년 루돌프 클라우지우스Rudolf Clausius가 자연에서 자생적으로 발생하는 변화의 방향을 설명하기 위해 처음 엔트로피라는 열역학 개념을 도입했다. 엔트로피는 물질을 구성하는 입자들 양자 상태의 무질서한 정도를 말하는데, 우주의 엔트로피는 언제나 늘어난다는 것이 바로 열역학 제2 법칙이다. 우주에서 자생적으로 일어나는 변화는 반드시 엔트로피가 늘어나는 방향으로만 진행된다는 것이다.

    그에 따르면, 엔트로피가 증가하는 방향은 질서order 상태에서 무질서disorder 상태로의 움직임이다. 또한 우주나 지구의 엔트로피는 증가하는 방향으로 모든 변화가 진행된다. 예를 들면

깨끗하게 청소된 집안이 시간이 어느 정도 경과되면 지저분하게 어지럽혀지게 된다거나 물에 잉크를 떨어뜨릴 경우 점차적으로 잉크가 번지며 무질서하게 확산되는 현상이다.

권력에서 내려와 직원들의 열정을 응원하는 리더의 역할

여러 조직에서도 열역학 제2 법칙이 적용된다고 볼 수 있다. 조직의 성장이 이어지면서 엔트로피가 증가하는 방향으로 변화되는 것이다. 시간의 흐름에 따라 조직은 비대해지며, 사업은 다양화되고, 조직 구성원의 관계 또한 복잡해진다. 단순함에서 복잡함으로, 획일성에서 다양화로, 간단함에서 까다로운 방향으로 흘러가는 것이다. 특히 조직에서의 엔트로피 증가는 관료화, 조직 경직화 및 조직 병리화 현상으로 나타나곤 한다. 위계의 서열화, 분업화된 전문화, 복잡한 의사결정 프로세스 등의 부작용이 증가하는 것과도 밀접한 관련이 있다고 봐야 할 것이다.

글로벌 인사조직 컨설팅업체 에이온 휴잇Aon Hewitt이 조직의 엔트로피 증가와 조직문화와의 상관관계를 연구한 바 있다. 휴잇은 엔트로피를 가치가 떨어지는 비생산적인 작업을 수행하는 조직에서 소비하는 에너지의 양으로 정의했다. 그런 다음 엔트로피의 증가가 관료주의, 위계질서, 비난, 내부경쟁 등의 요인으로 인해 발생한다는 결론을 내렸다. 그렇다면 조직의 엔트로피를 낮추려면 어떤 노력이 필요한가? 그 답은 간단하다. 무질서에서 질서로, 혼란에서 안정으로 바뀌는 과정에는 반드시 에너지를 소모하는 일정의 노력과 희생이 필요한 것이다.

예를 들어 지저분해진 방을 정돈하기 위해 청소하고, 아무렇게나 널브러진 쓰레기를 지정된 장소에 분리하는 일 등 엔트로피를 낮추기 위한 갖은 수고가 동원되어야 한다는 것이다. 마찬가지로 조직의 엔트로피를 낮추기 위해서도 에너지 소모가 필요하다. 여기에는 희생적인 리더십이 핵심으로 작용한다. 경영이라는 이름으로 포장된 위계질서를 내려놓고 기득권 사수를 위해 권력에만 복종하려는 관료주의를 타파하려는 리더의 노력 없이는 조직혁신을 이룰 수 없기 때문이다.

또한 엔트로피를 낮추려는 노력이 복잡함을 상쇄하는 제도 및 시스템 구축, 더욱 정교화된 방식의 경영기법 도입 등의 기술적 접근에 국한되어서는 의미 있는 성과를 기대하기 어렵다. 권력에서 스스로 내려와 직원들의 열정, 창의력, 지적 능력을 지지하고 응원하는 리더의 역할이 무엇보다 중요하다. 이는 리더의 진정한 용기라 부를 수 있다. 조직 내 엔트로피를 혁명적으로 낮추기 위해서는 프로세스 및 시스템 개선에만 집중할 게 아니라 근본적으로 사람에게 투자하는 인식 전환이 전제되어야 한다. 성공의 추진력은 사람에게 있다는 신념을 가져야 하는 대목이다.

최근 코로나19 팬데믹 영향으로 대부분의 항공업계가 극심한 경영난을 겪고 있다. 세계 각국의 입국제한 조치와 해외여행 수요급감 등으로 인해 예견된 항공업계의 불황이 언제까지 이어질지 미지수다. 대규모 인력 구조조정과 직원 무급휴가 정책을 도입하면서 필사적으로 생존대책을 강구하고 있지만 많은 업체들이 만성적자에서 허덕이고 있는 실정이다. 이런 와중에 사우스웨스트Southwest Airlines의 분전이 눈에 띤다. 작년 1분기 20억 5,000만 달러의 매출을 기록해 코로나19 팬데믹 이후 이익을 낸 미국 최초의 항공사가 되면서 세계를 놀라게 만들었다. 사우스웨스트는 놀랍게도 작년 한 해 46억 8,000만 달러 매출을 기록하며 승승장구하고 있다. 조직의 엔트로피를 낮추려는 희생적 리더십이 바탕되었다는 분석이 나온다.

사우스웨스트의 성공 사례가 전하는 시사점

사우스웨스트의 CEO 게리 켈리Gary C. Kelly는 자신의 막강한 권한을 포기할 줄 아는 용기를 보였고 직원들을 살리려는 희생적 행동을 실천했다. 그는 현장에서 직접 고객을 상대하는 직원에게 의사 결정권을 과감하게 위임하는 결정을 내렸고 "직원 해고는 없다."라고 선언하며 단 한 사람의 해고 없이 조직을 이끌어가겠다는 의지를 천명했다. 이는 연방정부의 PSP(Payroll

Support Program, 고용유지지원금)가 끊기자마자 3만 6,000명을 해고한 유나이티드항공이나 2,000명의 기장과 부기장을 내보낸 델타항공과는 사뭇 다른 대응이었다. 2001년 9·11테러 발생 당시 미국 항공업계에서 12만 명이 해고됐지만 단 한 사람도 내보내지 않았던 당시 상황과 같은 행보였다.

켈리는 비행수당이 사라져 경제적 어려움을 겪고 있는 상황에서도 최선을 다해준 직원들에게 감사의 마음을 계속 전했고, 직원들에게 모든 서프라이즈 실적의 공을 돌렸다. 그의 이 같은 노력과 헌신은 사우스웨스트 직원들의 마음을 사로잡았다. 전심전력을 다하는 직원들의 자발적 헌신과 노력으로 이어졌다. 강력한 동기부여는 자연스레 조직의 선순환을 만들어냈다.

직원들 또한 경영사정 악화를 인지하고 누가 먼저랄 것도 없이 자발적으로 고통분담 대열에 나섰다. 직원의 1/4이 자발적으로 휴가 연장을 하거나 교육을 받겠다고 신청했으며, 나머지 직원들은 예전보다 더욱 철저한 서비스 정신으로 고객을 대하는 열정으로 화답했다. 승무원은 승객의 짐을 직접 날라주는 서비스에 진심을 담았고 발권기 소독을 환경미화원에게 맡기지 않고 직접 처리하는 등 정성 마케팅의 투혼을 보였다. 그런 일련의 결과는 단기간에 코로나 쇼크에서 회복하는 달콤한 열매였다.

사우스웨스트의 성공사례는 분명한 시사점을 던진다. 코로나19 장기화에 따른 경영악화로 새로운 활로 찾기에 부심하고 있는 많은 기업조직이 눈여겨봐야 할 대목이 적지 않아 보인다. 현대 기업사가 그대로 증명하듯 시간이 흐를수록 조직은 거대화, 관료화, 이권화된다. 이러한 엔트로피의 지속적 증가는 경영환경 악화와 불확실성 및 예측 불가능이라는 높은 수준의 엔트로피 환경 노출로 이어진다.

역사적으로 엔트로피가 극에 달한 조직은 결국 소멸하거나 해체의 수순을 밟게 된다. 극점으로 치닫는 엔트로피를 그대로 안고서 코로나19 팬데믹 같은 외부환경과 맞서 이겨낼 기업은 없다. 역설적으로 조직의 엔트로피를 낮추는 리더의 헌신 없이는 위기극복이 요원함을 사우스웨스트 사례를 통해 절감해 볼 필요가 있다.

야구 경기의 희생플레이

　야구는 다른 구기종목과 다른 몇 가지 차별점을 가지고 있다. 먼저 축구, 농구, 배구와 같은 구기종목이 직사각형의 경기장이나 코트에서 진행되지만 야구의 그라운드는 다이아몬드 형태를 띠고 있다. 또 야구는 수비하는 사람만 공을 가지고 있는 유일한 종목이다. 감독이 선수와 똑같은 유니폼을 입는 종목도 야구밖에 없다. 이런 여러 차별점 중에 한 가지 눈여겨볼 대목은 야구가 다른 구기종목과 다르게 사람이 중심이 되는 유일한 스포츠라는 점이다. 다른 구기종목들의 경우 공이 상대편 골대나 코트에 들어가야 득점으로 인정되지만, 야구는 선수가 홈 플레이트를 밟아야만 득점이 인정되기 때문이다.

또한 자기희생을 하거나 그것을 요구하는 유일한 스포츠라는 점도 특징적이다. 축구나 농구 경기의 경우 동료에게 도움assist 을 주거나 받을 수 있지만 자신이 희생할 수는 없다. 야구의 희생플레이를 살펴보자. 희생플레이는 주로 1점이 중요한 상황일 경우 사용되는 전략이다. 같은 편 선수가 추가 진루를 할 수 있도록 혹은 팀의 득점을 위해 자신을 희생시키는 플레이다. 희생플레이에는 말 그대로 플레이어의 희생이 요구된다. 또한 선수가 자신의 플레이 결과를 책임지는 냉혹한 플레이다. 희생의 결과가 좋지 않으면 그 책임은 고스란히 타자에게 돌아간다. 희생번트를 시도하다 실패하면 타자는 타율에서 손해를 본다. 아웃카운트 하나를 버리면서까지 작전을 시도하다 실패할 경우 팀 패전의 주역으로 지목당할 수도 있다.

희생번트를 하는 타자와 패전처리투수

희생플레이는 비단 타자뿐 아니라 투수에게도 적용된다. 희생번트는 타율 계산 때 분모에서 제외되는 작은 보상이라도 주어지지만 패전처리투수는 아무런 보상이 없다. 패전처리투수는 사실상의 승부가 결정된 이후에 마운드에 오른다. 승부와 관련 없는 이닝을 채우는 이 투수에게는 승리, 홀드, 세이브 등 그 어떤 기록도 주어지지 않는다. 자신의 어깨를 소모시켜 가면서 그저 경기를 끝내는 게 그에게 주어진 임무다.

이러한 불이익에도 야수 선수들이 희생플레이에 최선을 다하고 패전처리투수가 등판해 이닝을 책임지는 이유는 단 하나다. 자신의 희생이 팀 승리를 위한 발판이 된다고 믿기 때문이다. 희생플레이를 통해 팀이 극적으로 승리하게 되면 그 기쁨을 함께 그라운드에서 누릴 수 있기 때문이다.

이들은 자신의 희생으로 다른 선수들이 힘을 비축할 수 있고, 이것이 다음 경기를 이기는 데 도움이 된다는 믿음을 갖고 있다. 개인의 실적보다 팀의 승리가 더 중요하고 큰 의미가 있다고 생각하는 것이다. 참고로 현대 야구는 이처럼 눈이 잘 드러나지 않는 선수들의 희생적인 팀 플레이도 세밀하게 측정해 그 공헌을 인정하는 추세다.

유독 희생번트를 자주 전략적으로 사용하는 것으로 유명한 김성근 감독의 이야기를 해보자. 그는 프로구단이나 한국야구위원회KBO 등과 잦은 갈등을 일으키는 감독으로도 유명세를 탔던 인물이다. 그는 한 인터뷰에서 자신을 둘러싼 이런 이슈에 대해 이렇게 밝힌 바 있다. "리더는 조직을 위해서 희생해야 한다. 리더는 모든 것을 조직에 바쳐야 한다. 본인한테 마이너스 되더라도 조직에 플러스 된다면 행동해야 한다. 나는 모든 세상 사람들에게 비난받더라도 이를 위해 움직였다."

희생적 플레이를 하는 선수가 많은 팀이 이긴다

그는 종종 팀 선수들에게 소극적으로 보이는 플레이를 지시해 언론과 주변의 질타를 받곤 했다. 많은 언론에서도 그의 전략을 비판하는 기사가 자주 오르내리곤 했다. 너무 승부에만 연연하는 게임을 해서 재미없는 야구로 만드는 당사자라는 게 그에 대한 비판평 골자다. 하지만 그럼에도 김성근 감독이 자신의 야구 철학을 바꿨다는 소식은 없다. 김성근 감독의 승부 전략이나 플레이 방식에 대해 시각에 따라 여러 의견이 나올 수 있음을 감안한다면 좋다 혹은 나쁘다를 평가하는 것은 적절하지 않다. 다만 그가 '조직을 위한 희생'이라는 가치를 야구에서 중요하게 여긴다는 것을 눈여겨볼 필요가 있다.

스포츠 경기에서만 아니라 조직 내에서의 희생적인 행동이 조직 전체의 성패를 좌우할 때가 적지 않다. 작은 희생적인 행동들이 모여 조직의 승리를 이끄는 경우를 어렵지 않게 찾아볼 수 있다. 이런 희생적 행동의 가치를 하찮게 여기거나 폄하하는 조직은 나무만 보고 숲은 보지 못하는 우를 범하기 십상이다.

우리가 속한 공동체에서 야구 경기와 같은 희생플레이가 왜 중요하고 어떤 때에 필요한지를 유심히 살피는 것도 훌륭한 리더가 간과해서는 안 될 지점이다. 토니 스콧 감독의 영화 〈더 팬The Fan〉에 이런 대사가 나온다. "만루라고 홈런 욕심내지 마. 이기는 팀은 어떻게 점수를 만들어내는지 아는 법이니까. 왜 희생플라이가 야구에서 가장 아름다운 플레이인 줄 알아? 팀을 위해 자신을 희생하니까. 그리고 타율 계산에서도 빼 주기 때문이지."

승리는 스타플레이어가 많은 팀에서만 나오는 게 아니다. 개인의 성적보다 팀 승리를 선택하는 희생적 자세를 가진 선수가 많은 팀이 결국 승리하는 것을 우리는 수없이 지켜본 바 있다. 희생은 팀을 성공으로 이끄는 핵심이며 그런 희생적인 플레이를 통해 팀원들은 함께 승리를 누릴 수 있다.

희생이 없는
리더십은 없다

 2002년 시사 주간지 〈한겨레21〉에서 여성 유권자가 생각하는 바람직한 대통령 부인상을 알아보기 위해 이화여대생 100명과 수도권 거주 주부 100명을 대상으로 설문조사를 한 적이 있다. 대통령 부인이 되고 싶은지를 묻는 질문에 응답자 대다수가 '되고 싶지 않다'라고 답변을 했다. 가장 많은 이유로는 '사생활이 없어서'였다.

 리더는 조직에서 많은 책임을 맡고 있다. 책임의 경중은 개인이 누리는 자유와 깊은 상관관계가 있다. 간단히 말해서, 더 많은 책임을 맡은 리더가 더 많은 개인적 자유를 희생한다. 리더는 조직과 사명을 위해 개인적인 자율성을 희생해야 한다. 한 나라의 대통령이 된다고 생각해 보자. 임기가 시작되자마자 집무실에서부터 엄청난 책임감을 이내 느끼게 될 뿐 아니라 개인의 사생활과 자유는 사실상 포기해야 한다는 것 알게 될 것이다.

리더가 되면 자신에 대해 생각할 권리를 잃게 된다

리더십 본질은 다른 사람들을 자신보다 우선순위에 두는 데 있다고 할 수 있다. 따라서 리더는 높은 위치에 있을수록 자신의 권리를 포기해야 한다. 미국 리더십의 권위자 제럴드 브룩스 Gerald Brooks는 "당신이 리더가 되면 자신에 대해 생각할 권리를 잃게 된다."라는 명언을 남긴 바 있다. 이를 시각적으로 그려보면 다음과 같다.

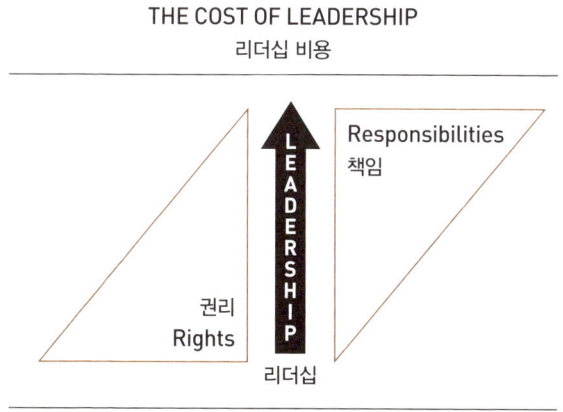

위 그림에서 보듯 리더십이 높아질수록 리더의 책임은 증가하고 권리는 감소한다. 책임이 없으면 원하는 모든 것을 할 수 있겠지만 책임을 맡게 되는 순간 하고 싶은 일은 제약을 받게 된다. 당연하게도 자신이 더 많은 책임을 받아들일수록 자신이 선택할 수 있는 권리는 그만큼 줄어들게 된다.

디지털 이큅먼트 코퍼레이션Digital Equipment Corporation의 회장이자 최고 경영자 로버트 팔머Robert Palmer는 인터뷰에서 이런 말을 했다. "리더십에는 비용이 든다. 리더는 경영 결과에 대한 책임을 지는 사람이며, 자신을 따르는 사람들보다 더 많은 것을 기꺼이 포기해야 한다."

링컨의 부치지 않는 편지와 '창문과 거울'

사람마다 희생의 성격과 유형은 다를 수 있지만 리더들은 모두 한 가지 공통점을 갖는다. 그것은 리드를 하기 위해 다른 기회를 포기한다는 것이다. 즐겨하는 일이나 취미를 포기하고 자신의 개인적인 삶의 주요 부분을 조직을 위해 희생해야 한다. 심지어는 자신의 모든 것을 바치기도 한다. 리더십은 희생을 의미하기 때문이다. 링컨 대통령의 사례를 들어보자. 링컨의 사후 그의 서류함에서 편지 한 통이 발견되었는데, 이런 내용을 담고 있었다.

친애하는 미드 장군, 나는 이번에 리 장군이 도망치게 됨으로써 생기게 될 그 불행한 사태에 대해 장군이 제대로 평가하지 못했다고 생각합니다. 분명 리 장군을 당신이 쉽게 잡을 수 있었고, 최근 우리가 올린 다른 성공적인 전과와 더불어 이번 전쟁을 끝낼 수도 있었습니다. 하지만 이번 일로 인해 전쟁은 기약도 없이 길어지게 되었습니다.

이 편지가 사후에 발견된 이유는 링컨이 미드 장군에게 부치지 않았기 때문이다. 링컨은 자신의 사적인 감정을 억누르고 국가 전체를 먼저 생각했던 것이다. 그는 전쟁의 다음 국면을 냉정하게 준비하기 위해서는 개인적 의견에 앞서 참전 장군에 대한 격려가 우선되어야 한다고 판단했다. 링컨이 미드 장군에게 보낸 실제 편지 내용은 다음과 같다.

존경하는 미드 장군, 지금 즉시 리 장군을 추격하십시오. 그리고 리 장군의 군대가 강을 건너기 전에 빨리 공격하십시오. 만약 이번 추격 작전이 실패하더라도 당신은 그 책임에서 자유로울 것입니다. 그리고 작전이 성공했을 시에는 그냥 이 편지를 찢어 버리십시오.

작전이 성공하면 그 모든 공을 미드 장군에게 돌리고, 실패하게 되면 그 책임을 대통령 자신이 지겠다는 심중을 엿볼 수 있다. 개인감정을 자제하며 조직원들을 격려하고 정작 자신은 모든 책임을 지려 했던 링컨의 리더십은 결국 미국이 분열되는 절체절명의 위기를 극복하는 토대를 마련했다.

일본의 경영 컨설턴트 하마구치 다카노리浜口隆則는 그의 저서 『사장의 일』에서 사장이 되기 위한 십계명을 언급했는데, 그 중 첫 번째 계명은 '눈이 내리는 것도 내 책임이라고 생각하라.'였다. 눈이 내리는 것은 인간이 통제할 수 없는 자연현상인데, 거기서 발생하는 문제까지도 리더의 책임이라 언급한 것이다. 불가항력적인 문제까지 모든 경우의 수를 고려해 의사결정을 하고 그 결과에 무한책임을 져야 한다는 강한 소명의식을 표현한 것이라 볼 수 있다.

리더는 모든 일의 결과를 자기책임으로 돌릴 수 있어야 한다. 주변 여건과 환경에 핑계를 대지 않고 책임과 헌신의 자세로 목표를 달성해가는 것이 참된 리더의 모습인 것이다. 『좋은 기업을 넘어 위대한 기업으로Good to Great』의 저자로 잘 알려진 짐 콜린스Jim Collins는 리더십의 정점인 레벨5 리더의 특징으로 '창문과 거울'을 언급한다. 일이 잘 돌아갈 때는 공功을 돌릴 누군가를 찾기 위해 창문을 바라보고, 반대로 실적이 좋지 않아 누군가가 책임을 져야 할 때는 거울에 비친 자신을 봐야 한다는 것이다. 위대한 조직은 직위가 높아질수록 더 많은 책임과 희생을 요구하며 그 정점에 있는 리더는 무한책임과 희생을 주저하지 않는다.

"경영은 조직력이다. 리더는 이를 위해 조직 안에서 절대, 무한, 불멸의 책임을 져야 한다." '창조적 파괴'라는 단어를 통해 널리 알려진 미국 경제학자 조지프 슘페터Joseph Schumpeter의 경영철학이다. 최고의 자리에서 있는 리더가 항상 명심해야 할 웅대한 신념 같은 명언이다.

노블레스 오블리주

'고귀하게 태어난 사람은 고귀하게 행동해야 한다.'는 뜻의 노블레스 오블리주 Noblesse Oblige는 과거 로마제국 귀족들의 불문율이었다. 고대 로마부터 봉건왕조에 이르기까지 왕족과 귀족들은 자신들이 가지고 있는 사회적 신분에 상응하는 도덕적 의무를 다해야 한다고 믿었다. 로마제국의 귀족들은 자신들이 노예와 다른 점이 신분상의 차이가 아니라 사회적 의무를 실천할 수 있다는 것이라 여겼다.

이들은 평소에는 멋진 파티를 하며 부와 지위를 누리지만, 국가에 위기가 닥치면 기꺼이 백마를 타고 전쟁터로 달려가 자신의 의무를 다해야 한다고 믿었다. 그들에게는 노블레스 오블리주를 실천하는 것이 자신에게 주어진 공동체의 1차적인 소명의식이었고 자존감의 중앙에 자리한 최고의 덕목이었다.

더 많은 특권을 받았기에 더 큰 위험을 감수한다는 자세

로마와 카르타고가 120년간 벌인 포에니 전쟁 중 로마 최고 지도자들인 집정관의 전사자 수가 많았던 이유, 원로원에서 귀족이 차지하는 비중이 급격히 줄어든 이유도 계속되는 전투에서 귀족들이 많이 희생됐기 때문인 것으로 알려져 있다. 이러한 귀족층의 희생정신은 로마제국을 전 세계에 걸쳐 막강한 영향력을 행사하는 국가로 만들었으나, 이후 권력이 개인에게 집중되면서 나타난 도덕적인 해이로 인해 노블레스 오블리주 정신은 급격히 퇴색되었다. 그 결과, 로마제국의 근간이 심각하게 흔들리게 되었고 몰락의 길로 이어졌다.

현대 조직에서도 리더십의 본질은 노블레스 오블리주 정신에서 나온다고 볼 수 있다. 더 큰 책임이 주어졌기 때문에 그만큼 더 많은 대가를 받아야 한다는 것이 아니라, 더 많은 특권을 받았기에 더 큰 위험과 손해를 감수하겠다는 자세를 의미한다. 노블레스 오블리주는 자신에게 강한 책임감을 부여하고 조직을 위해 솔선수범하며 이에 따른 모든 위험을 감내한다는 점에서 희생의 리더십과 궤를 같이한다. 즉 자신의 희생으로 조직을 세우고 이를 통해 강한 영향력을 행사해 조직을 이끌어가는 것이다.

희생의 리더십은 자신이 먼저 유익을 포기하고 마음을 다해 아래 사람들을 섬기고 헌신함으로써 자발적인 충성과 존경을 받는 리더십이다. 리더의 희생을 통해 조직을 더욱 굳건하게 하고 조직이 위기를 직면하더라도 이를 극복할 동력을 얻게 하는 리더십을 가리킨다. 중요한 것은 희생의 리더십이 그저 보기 좋은 윤리적 리더십의 차원을 넘어서 조직의 생사와 직결된다는 점이다. 희생적 리더십의 실패는 곧 조직의 실패를 의미하기 때문이다.

추나라 임금 목공穆公과 맹자의 이야기를 살펴보자. 중국 전국시대의 추나라는 노나라와의 전쟁에서 패배했다. 이에 추나라 임금 목공穆公이 맹자에게 목숨을 걸고 전쟁에 임하지 않은 백성을 원망하며 말했다. "이번 전쟁에서 우리 편 지휘관이 서른세 명이나 죽었는데도 백성은 그것을 보고만 있었고, 누구 하나 지휘관을 위해 죽은 자가 없었다. 이 괘씸한 자들을 모두 죽일 수도 없고, 그렇다고 그대로 내버려 두자니 앞으로 지휘관의 죽음을 보고서도 모르는 체할 것이 뻔하다. 이 일을 어찌하면 좋겠는가?"

목공의 얘기에 맹자는 이렇게 대답했다. "흉년에 먹을 것이 부족하여 백성 중에서 노약자는 시궁창에 굴러떨어져 죽고 젊

은이들은 사방으로 흩어졌는데, 그 수가 수천 명이나 되었지요. 그런데도 임금의 창고에는 곡식과 보물로 가득했습니다. 지휘관들은 이것을 꺼내어 백성을 구하자고 간청하지 아니하였으니, 이야말로 윗사람이 게을러서 아랫사람을 죽이는 일입니다. 백성은 지난날 지휘관들에게서 당한 것을 이렇게 되갚은 것이니 어찌 그들을 나무랄 수 있겠습니까? 임금께서는 그들을 탓하지 마십시오. 임금께서 어진 정치를 베푸신다면 백성은 윗사람을 친하게 대할 것이고, 그를 위해 목숨을 바칠 것입니다."

위대한 기업은 세상을 위해 봉사하는 기업이다

일반적 통념과 달리 장수하는 기업을 자세히 살펴보면, 우리 모두가 기업의 목적이라 굳게 믿었던 이윤 극대화만을 추구했던 조직이 아니라는 것을 알 수 있다. 그 조직 대부분은 리더가 희생을 감내하면서 조직원들과 지역 공동체의 행복을 우선적으로 추구했던 조직들이다. 이 기업들은 남을 이롭게 함으로써 내가 이롭게 된다는 '자리이타'自利利他 정신을 가치로 삼았던 곳이다. 또한 의를 먼저 행하고 이익을 좇는 자는 번영한다는 '선의후리' 先義後利 정신에 따라 의사결정을 해왔다. 좋은 기업은 훌륭한 상품과 서비스를 제공한다. 그러나 위대한 기업은 훌륭한 상품과 서비스를 제공할 뿐만 아니라 세상을 더 나은 곳으로 만들기 위해 노력한다. 포드자동차의 창업자 헨리 포드는 이미 100여 년 전에 이렇게 갈파한 바 있다. "기업은 이익을 목적으로 하는 것이라고 생각해 왔다. 그러나 이것은 잘못이었다. 기업의 목적은 봉사다."

박항서의 '파파 리더십'

'쌀딩크'라는 신조어가 있다. 쌀이 많이 생산되는 나라인 베트남의 히딩크를 줄여서 만든 신조어이다. 2017년 베트남 축구와 인연을 맺은 뒤 박항서 감독은 그 누구도 상상하지 못한 놀라운 성과를 이뤄내며 최근 몇 년 동안 언론의 뜨거운 스포트라이트를 받고 있는 인물이다.

그는 2018년 아시아축구연맹AFC 23세 이하 챔피언십 준우승, 2018년 자카르타-팔렘방 아시안게임 4강, 2018년 동남아시아 월드컵으로 불리는 아세안축구연맹AFF 스즈키컵 우승, 2019 AFC 아랍에미리트 아시안컵 8강, 2019 킹스컵 준우승 등 이전까지 베트남 축구가 경험하지 못했던 새 역사를 써 내려가고 있는 중이다.

　박항서 감독은 베트남 축구를 동남아시아 선두권으로 단숨에 도약시키며 베트남의 전 국민적인 사랑과 찬사를 받는 국민 영웅으로 떠올랐다. 2018년에는 베트남을 가장 빛낸 올해의 인물로 박항서 감독이 선정되었다. 말 그대로 존경과 신뢰를 한몸에 받는 베트남 축구부흥의 표상이 된 그는 최근 성적 굴곡에 따른 베트남 언론의 시기성 짙은 견제와 비판에 시달리기도 하지만 그 위상은 굳건하다. 이러한 박항서 감독의 리더십 비결은 무엇일까?

박항서 감독의 투혼이 가져온 베트남 축구사의 대반전

　박 감독이 부임하기 전 베트남 대표팀은 아시아는 물론 동아시아 내에서도 최약체 팀이었다. 실력과 체력도 최악이었고 선수들이 선발 명단에서 제외되면 그날 경기를 관전하지 않고 경기장을 떠날 정도로 축구 전반에 대한 경쟁력이 형편없었다. 이같은 상황에서 감독으로 취임한 그가 제일 먼저 부딪힌 곳은 축구에 대한 선수들의 인식 변화였다.

　그는 지속적인 메시지를 보냈다. "우리는 한 팀이다. 서로 도와야 하고 팀으로 함께해야 한다." 그는 '하나의 팀'을 끊임없이 강조했고 그 메시지를 끈기 있게 전했다. 그의 진심이 제대로 전해지기까지는 만만치 않은 장애물이 가로놓였고 혹독한 시간이 필요했다. 그의 노력과 진심이 조금씩 전해졌다. 그는 선수들과 동고동락을 주저하지 않았고 함께 스스럼없이 장난을 치면서 하나의 힘이 되는 수고를 아끼지 않았다. 자연스레 서로 믿고 의지하는 끈끈한 팀워크가 형성되기 시작하면서 베트남 축구는 조금씩 변화의 조짐을 잉태하기 이르렀다.

박항서의 리더십은 자신을 내려놓고 선수의 입장에서 다가선 겸허한 자세와 몸으로 실천하는 헌신적 행동으로 채워진 것이었다. 그는 언젠가 연합뉴스 인터뷰에서 "내 리더십의 비결은 솔선수범이다."라고 밝힌 바 있다. 스스로 밝힌 바대로 그는 자신이 앞장서서 모범을 보임으로써 하나의 팀을 만들기 위해 분투했다. 그는 필드의 안팎에서 선수들을 위해 자신을 희생하는 리더였다.

박항서 감독의 아름다운 투혼이 국내에서 전해지면서 국내 팬들도 환호했다. 한국에서도 생중계한 스즈키컵 결승 때였다. 이날 관중과 시청자의 눈에 가장 많이 잡힌 장면은 박 감독이 고함치는 모습이었다. 스포츠팀 전력에서 실력만큼이나 중요한 건 기세 싸움이다. 보통 경기 중에 팀원들을 다독이는 정신무장 담당은 보이스 리더 역할을 하는 팀 주장의 몫이다. 하지만 베트남에서는 이 역할을 박항서 감독이 대신하고 있다. 선취골 이후 몸싸움이 과격해지자 연신 "헤이! 헤이."를 외치는 모습과 두

손으로 진정하라는 제스처를 취하는 박 감독의 모습은 팔짱을 끼고 경기를 바라보던 말레이시아 감독과 퍽이나 대조적이었다.

60년 만에 동남아시안게임에서 우승한 날에도 박항서 감독은 후반 32분 심판 판정에 대한 항의를 하다 퇴장을 당했다. 불이익이나 체면 따위에 아랑곳하지 않고 자신들을 대변해 격렬한 항의를 마다하지 않는 감독의 모습에 베트남 선수들은 더욱 더 경기에 매진했다. 이런 집중력이 결국 팀 승리로 연결되었다.

그의 이런 희생적 모습은 경기장 바깥에서도 마찬가지였다. 2018년 스즈키컵 결승 1차전이 열리는 말레이시아로 이동하기 위해 비행기에 탑승한 박 감독은 다친 선수에게 비즈니스석을 내주고 자신은 선수 자리인 이코노미석에 앉았다. 박 감독은 그 선수에게 "부상을 당한 너를 편안한 자리에 앉혀야 했는데. 잊어버려서 미안하다."라는 사과 메시지를 전하는 것도 잊지 않았다. 그는 평소에도 부상당한 선수의 발 마사지를 직접 해주었고 생일을 맞은 선수에겐 늘 손편지를 보내며 축하의 마음을 전했다.

선수에게 먼저 다가가고 부모처럼 선수들을 보살피다

최근 응우옌 쑤언 푹Nguyễn Xuân Phúc 베트남 총리가 베트남 부품소재산업 활성화 방안을 주제로 한 회의에서 "박항서 정신을 국내 기업을 발전시키고 글로벌 경쟁력을 갖추는 성공사례 모델로 삼아야 한다."라고 언급했다. 베트남 축구대표팀을 이끌고 새로운 신화를 창조하고 있는 박항서의 희생정신을 앞으로 베트남의 핵심 경제발전 모델로 응용하고 베트남 정신과 비전으로 승화시킨다는 취지였다. 조직원을 먼저 챙기고 그들을 위해 희생하며 조직의 역량을 발현하도록 이끄는 자가 바로 참된 리더다.

　박항서 리더십의 핵심은 일명 '파파 리더십'이라는 희생과 봉사정신을 통해 조직이 자발적으로 자신을 따르게 만든 데 있다. 자신이 낯선 외국인이라는 편견을 없애기 위해 그는 스스럼없이 선수에게 먼저 다가가고 부모처럼 선수들을 대했다. 선수들의 결혼식에 참석하고, 부상 선수의 몸 상태를 걱정해 인삼을 선물하기도 하고, 의무실에 들려 부상당한 선수에게 손수 마사지를 해줬다. 또한 정기적으로 일대일 미팅을 열어 선수 개개인에게 세심한 배려를 아끼지 않았다. 이런 면모에 선수들은 박항서 감독을 아버지로 섬겼고, 이는 팀의 신뢰와 결속을 가져왔다. 선수들에게 자식을 대하듯 애정을 나눠주며 기술적·정신적·감정적 지원을 아끼지 않은 박항서 리더십은 비단 운동 팀에서뿐 아니라 현대 기업조직의 리더에게도 좋은 귀감이 된다.

4

희생의 리더는
중심을 잃지 않는다

일관성 있게 희생하라

　플로리다 주립대Florida State University 교수이자 세계적인 심리학자 안데르스 에릭슨Anders Ericsson은 음대 학생들의 연습시간에 주목해 연구한 끝에 '1만 시간의 법칙'을 주창한 것으로 유명하다. 그에 따르면 4,000시간 연습한 학생은 음악 교사 수준, 8,000시간 연습한 학생은 훌륭한 연주자 수준, 1만 시간 이상이면 유명한 연주자가 되었다는 것이다. 목표를 향해 노력을 투여한 절대적인 시간 양과 이를 뒷받침하는 일관성의 중요성을 단적으로 드러내는 지표다.

　한 조직을 이끄는 리더에게 있어 1만 시간의 연습시간과 같은 일관성과 근성은 자신의 정체성을 지키고 성장하게 하는 주요 덕목이자 커다란 힘이다. 또 신뢰성을 바탕으로 조직을 유기적으로 움직이게 할 수 있는 동력이 된다. 나아가 효율적인 업무처리를 감당해낼 능력을 키우기 위해서도 리더가 반드시 갖춰야 할 요소다. 일관성 있는 노력과 거기서 흘린 땀은 의미 있는 숫자로 반드시 이어지기 마련이다. 열심히 노력하지 않는 리더가 가져오는 결과는 조직 내의 혼란과 불신으로 드러난다. 리더의 희생도 마찬가지다. 희생은 마치 고정비용과 같은 것이다. 일관성이 필요하다는 의미다. 꾸준하고 지속적으로 조직과 가치에 따라 희생을 해야 한다는 것이다. 그럴 때만이 희생의 가치가 조직에 전파되고 강한 영향력으로 돌아온다.

일관성은 조직에게 신뢰를 주는 리더의 중요한 언어다

일관성을 가지며 조직에서 희생적인 모습을 보이는 리더는 그리 많지 않다. 일관성은 리더의 철학과 강한 신념에서만 유지될 수 있기 때문이다. 현 시대와 같은 복잡한 경영환경에서 조직의 미래를 예측하기는 쉽지 않다. 가보지 않은 길이기에 조직 구성원들 모두 두렵고 자신감이 없다. 역설적으로 이런 환경이기에 리더의 일관성과 지속적인 자기희생적 모범이 필요한 때이다.

희생의 일관성이란 긍정적이고 유익한 방향으로 조직을 이끌기 위해 반복적으로 자신의 가치·철학·신념을 보여주는 것을 의미한다. 조직을 이끌어가면서 어떤 경우라도 원칙을 바꾸지 않는 태도이기도 하다. 구성원들은 일관성 있는 리더를 신뢰하고 따른다. 리더가 가치와 신념에 따라 일관되게 자신을 희생할 때 조직 구성원은 진정한 팔로워가 되며 조직의 가치를 실현하기 위한 열성적 후원자가 된다. 리더십의 희생은 일회성 지출이 아니고 마치 공과금 같은 고정비인 셈이다.

탁월한 업무추진 능력을 갖추었거나 전문성이 있어도 혹은 여러 경험을 거친 베테랑 리더라도 조직에서 신뢰를 얻지 못하면 그 결과는 초라해지기 마련이다. 일관성은 꾸준함, 성실, 인내 등의 단어와 유사하다. 일관성은 처음과 끝이 같다는 뜻이다. 어떠한 어려운 상황에서도 흔들리지 않는다는 의미이다. 일관성은 또 구성원들에게 예측 가능성과 안정감을 주며 신뢰를 가져다주는 리더의 중요한 언어다. 리더가 되기 위해서는 언과 행이 일치하는 일관성과 가치의 공정성을 유지해야 한다. 그것이 곧 리더의 경쟁력이다. 희생의 일관성을 가진 리더는 모진 풍파에도 중심을 잃지 않고 앞으로 나아간다.

성공은 일상에서 반복되는 리더의 희생으로 이루어진다

미션, 비전, 핵심가치를 관리와 통제의 대상으로 인식하고 있는 기업의 경우, 보통 선포 1년 차를 원년으로 삼고 2~3년 이내에 이해·실천·내재화하는 것을 목표로 한다. 이 계산에 따르면, 가장 먼 거리에 있는 조직 구성원들까지 이 내용을 숙지하는 수준이 되려면 700번이 넘는 리더의 반복교육이 필요하다는 계산이 나온다. 즉 3년 동안 CEO가 지속적으로 조직의 핵심가치 등을 강조해야 겨우 이해 수준에 도달할 수 있다는 것이다.

가치체계 중심의 경영은 마라톤 게임이다. 장거리를 달릴 때 집중적으로 사용되는 근육은 단거리 경주에 사용되는 것과는 다르다. 호흡을 길게 해야 한다. 결국 조직을 지탱하게 하는 것은 리더의 지속적인 희생이다. 존 맥스웰은 "만약 위로 올라가기 위해 희생해야 하는 것이 사실이라면 그곳에 머물기 위해서는 더욱더 큰 희생을 치러야만 한다."라고 말했다. 오늘은 내일의 성공을 위한 발판이다. 앞으로 나아가는 데는 항상 비용이 든다. 비용지불을 중단하는 날은 원하는 결과 만드는 것을 중단하는 날이다. 조직의 성공은 일상에서 반복되는 리더의 희생으로 이루어진다. 리더가 자신의 조직에서 시간, 돈, 에너지, 권위, 이익을 포기함으로써 조직이 견고해지는 것이다.

조직의 핵심가치를 공유하라

　리더가 조직의 가치를 확립하고 희생적인 면모를 보이면 조직에 엄청난 파장을 일으킬 수 있다. 하지만 그것이 가능하기 위해서는 전제조건이 필요하다. 리더의 가치가 조직 내에 공유되어야 하는 것이다. 조직의 가치가 리더 한 사람의 전유물이라면 그 가치는 죽은 것이 된다. 가치확립보다 더 중요하고 어려운 작업이 가치의 공유작업이다. 조직의 핵심가치가 조직 전체에 공유되지 않는다면 리더의 소통능력과 지휘능력을 의심해야 한다. 리더로서 비전과 목적의식을 갖는 것과 체계적인 소통을 통해 조직 전체와 공유하는 것은 별개의 문제다.

　가치 그 자체가 아니라 공유된 가치Shared values만이 큰 힘을 가진다. 리더가 핵심가치를 솔선수범해 보이고 희생적인 행동을 하더라도 그 가치가 조직 전체로 확산되지 않으면 의미 없는 희생이 된다. 만약 그렇다면 공유작업의 노력이 부족했거나 방법이 잘못된 것이다.

구성원들의 참여공간을 마련하는 게 비전공유의 관건

개인의 일상에서 중심을 잡아주는 게 자신의 가치이듯 조직에서도 마찬가지로 기업가치가 그 중심을 잡는다. 더욱이 핵심가치는 조직의 규모가 커질수록 중요한 역할을 한다. 스타트업 같은 규모가 작은 기업은 프로세스가 정형화되지 않아서 창업자 등 몇몇 사람의 능력에 따라 경영이 좌우되지만, 조직규모가 커지면 핵심가치나 문화에 의해 관리된다. 조직이 지향하는 바를 구성원에게 인식시키고 이 기준에 따라 행동하게 하면 큰 조직이라 하더라도 일사불란하게 한 방향으로 나아갈 수 있다.

비전을 공유하기 위해 가장 중요한 첫 번째 사항은 비전을 수립하는 과정에서 구성원들의 생각과 열망을 담아내는 노력의 크기다. 미국에서 컨설팅회사를 운영하는 짐 호던Jim Haudan은 그의 저서『몰입과 소통의 경영The art of engagement』에서 "내게 일방적으로 이야기한다면 잊어버릴 겁니다. 나에게 그걸 보여주면 기억은 할 수 있겠지요. 하지만 내가 참여하고 관여할 수 있게 해준다면 이해하고 몰입하게 될 겁니다."라고 적었다.

그는 조직 구성원들의 참여공간을 마련하는 게 비전공유의 관건이라고 강조한다. 비전이 조직 내 깊숙하게 파고들고 공유되지 않는 가장 큰 이유를 꼽자면, 비전 수립과정이 경영층 일부만의 참여로 이루어진 경우를 들 수 있다. 조직 구성원들에게 자신의 의견을 피력할 기회를 차단한 경영층의 일방적 비전 제시가 조직 전체로 확산될 리 만무하다.

조직 구성원들의 적극적인 참여를 유도한 대표적 사례가 IBM의 '밸류잼Value Jam'이다. 당시 IBM의 CEO였던 샘 팔미사노Sam Palmisano는 직원들의 적극적 참여와 의견을 반영하지 않고 만들어지는 조직의 핵심가치는 CEO 혼자만 외치는 슬로건에 불과하다는 생각을 갖고 있었다. 그는 회사 내부의 웹캐스트를 통해 IBM의 핵심가치 정립에 있어 직원들의 참여가 얼마나 중요한지를 설명하며 조직원들의 동참을 호소했다.

그는 72시간 동안 새로운 IBM의 핵심가치가 무엇이 되어야 하는지를 토론하는 밸류잼 세미나를 전격 실시했다. 당시 전 세계에 근무하는 32만 명의 임직원 중 무려 70%가 넘는 사람들이 이 세미나에 참여했다. 세미나에서 분출된 무려 1만 개 이상의 아이디어가 채택되었다. 직원들의 적극적인 참여로 취합된 이 아이디어는 이후 IBM의 새로운 핵심가치를 수립하는 데 적극 활용되었다.

반복적으로 강조하고 솔선수범해야 하는 이유

조직의 가치를 뿌리내리는 두 번째 방법은 리더가 앞장서 반복해 강조하고 스스로 실천하는 모습을 보이는 것이다. 이는 앞서 언급한 희생의 일관성과 일맥상통한다. 비전과 관련해 많은 리더들이 착각하는 것 중 하나가 자신이 신년사에서 비전에 대해 한두 번 이야기하면 직원들이 이를 소중히 가슴에 담고 일할 것이라고 기대하는 것이다. 비전과 핵심가치는 직원들이 매일 처리해야 하는 일상 업무에 직접적으로 연관되어 있지 않고, 이를 잘 지킨다고 해서 어떤 혜택을 주어지는 게 아니다. 또 리더가 이를 반복적으로 강조하고 스스로 실천하는 모습을 보여주기 전에는 부하들이 자발적으로 실천하지는 않는다.

이런 점에서 리더의 솔선수범을 강조했던 미국 최초의 흑인 국무장관 콜린 파월Collin Powell의 이야기를 기억할 필요가 있다. 그는 이런 말을 했다. "당신이 직원들에게 온갖 지시사항이 담긴 문건을 보내고, 사기를 진작시키기 위해 감동을 주는 연설을 할지라도 조직 구성원들에게 당신이 스스로 매일 최선을 다하는 모습을 보여주지 않는다면 그들도 결코 최선을 다하지는 않을 것입니다."

비전과 가치의 공유에 있어서 리더의 솔선수범이 더욱 중요해지는 까닭은 비전과 가치가 이상적인 것들을 지향하기 때문이다. 특히 비전은 조직의 이상적인 먼 미래를 나타내기 때문에 이를 달성하는 과정에서 많은 변화와 희생 그리고 불확실성을 내포한다. 일상적인 업무가 아닌 불확실한 미래의 꿈을 실현하기 위해 변화해야 하고 희생해야 하는 상황과 마주할 때 부하들은 리더의 행동에 더욱 주목하게 된다. 이때 리더가 자기희생적 모습을 보여줄 때 부하 직원들이 비로소 리더가 제시하는 비전에 대한 확신을 가지며 리더의 진정성을 신뢰하게 된다.

어떤 경우라도 진정성을 잃지 말라

 2001년 전 세계를 놀라게 했던 엔론Enron의 창업자이자 CEO였던 케네스 레이Kenneth Lay 사례를 살펴보자. 그는 1942년생으로 미국 휴스턴 대학에서 경제학 박사학위를 받고 행정부 여러 요직을 역임한 후 1974년 플로리다가스Florida Gas에 입사한다. 그는 타고난 리더십과 성실성으로 불과 7년이라는 짧은 시간에 CEO 자리에 오른다. 그리고 그는 그것에 안주하지 않고 새로운 도전에 나선다. 휴스턴으로 복귀해 여러 회사를 인수하며 새로운 비즈니스에 뛰어든 것이다.

 그렇게 해서 1985년에 창업한 그의 회사 엔론은 2000년에 이르러서 매출 1,010억 달러를 기록하는 기염을 토한다. 그해 포춘이 선정하는 500대 기업Fortune 500 중 7위를 기록했다. 그 당시 구단의 경영난으로 인해 다른 도시로 근거지를 옮기려던 휴스턴 애스트로스 프로야구단을 되살리는 데 결정적인 도움을 주기도 했다. 그는 30년에 걸쳐 무려 1억 달러를 기부하겠다고 약속하며 메이저리그의 명문구단 중 하나인 휴스턴 애스트로스 해체 위기를 극복하게 함으로써 휴스턴의 영웅이 되었다.

리더십의 참담한 비극, '엔론 스캔들'

창립한 지 불과 15년 남짓한 기간에 미국에서 7번째로 큰 회사를 경영하게 된 그를 많은 경영학 교과서에서 탁월한 리더십을 가진 대표적인 CEO로 소개하기 시작했다. 결단력과 카리스마로 대변되는 그의 리더십은 1980년대 중반부터 리더십 학계에서 불기 시작한 카리스마 리더십 연구 붐 조성에 한몫을 하기도 했다. 그의 탁월한 리더십으로 인해 회사는 경이적인 성과를 보였는데, 2000년 8월 회사 주가가 한 주당 90달러까지 치솟았다. 이에 포춘을 포함한 많은 경영 잡지들이 그의 회사를 미국에서 가장 혁신적이고 위대한 회사 중 하나로 꼽게 되었다.

하지만 영원할 것 같았던 그의 승승장구는 허망하게도 오래 가지 않았다. 최정점에 오른 지 불과 1년여 만에 급전직하의 나락으로 떨어진 것이다. 온갖 회계 부정과 사기 혐의로 레이가 기소되면서 엔론의 주식가격이 1달러 이하로 폭락하는 대참사가 벌어진 것이다. 이로 인해 주주들은 110억 달러 이상의 막대한 손해를 보게 되었다. '엔론 스캔들'로 불리는 이 사건을 통해 회사는 결국 2001년 파산신청을 하고 역사의 뒤안길로 사라졌다. 진정성이 결여된 리더십이 가져온 참담한 비극이었다.

엔론은 1985년 천연가스 공급업체인 인터노스와 천연가스 회사인 휴스턴내추럴가스가 합병으로 탄생된 회사였다. 말은 합병이었지만 사실상 인터노스가 휴스턴내추럴가스를 인수하는 형식으로 진행됐다. 그런데 인수과정에서 인터노스 경영진들의 비리가 발견되면서 당시 휴스턴내추럴가스의 CEO였던 케네스 레이가 엔론의 CEO 겸 이사회 회장으로 취임하게 된다. 엔론의 CEO 취임은 레이 인생의 터닝포인트를 가져온다. 이전까지만 해도 그는 휴스턴내추럴가스를 키워온 성공적인 경영자였다. 하지만 합병 이후 회사 장부를 들춰보자마자 의욕을 상실하고 말았다. 인터노스가 휴스턴내추럴가스를 인수하면서 지게 된 어마어마한 빚을 합병법인 엔론이 그대로 승계했기 때문이었다. 레이는 엔론을 글로벌 대기업으로 성장시키고자 했으나 그 재무상태로는 엄두를 낼 형편이 아니었다.

이에 그는 최악을 선택을 하게 된다. 분식회계였다. 조작된 장부를 통해 회사 경영지표를 속였고 유령회사를 세워 빚을 떠넘기는 범죄행위를 저질렀다. 그는 자신의 화려한 성공에 집착한 나머지 조직의 어려움과 자신의 실책을 인정하지 않고 은폐했다. 또 거짓과 위선 그리고 편법을 동원해 조직을 최악의 상황으로 몰고 갔다. 몰락으로 가는 결정적 패착이었다.

실수와 잘못까지 인정할 줄 아는 리더

리더는 실패를 모르는 영웅적 모습을 갖춰야 한다는 집착에서 벗어나야 합니다. 때로는 실수도 저지르고 두려워할 줄도 아는 인간이라는 사실을 인정하고 이를 스스럼없이 밝힐 수 있을 때 진정성 있는 리더가 될 수 있습니다.

하버드비즈니스스쿨HBS의 스콧 스눅Scott Snook 교수의 이 말은 진정성 있는 리더가 되기 위한 중요한 덕목을 예리하게 지적한다. 그에 따르면, 리더는 강점뿐 아니라 약점도 자신의 일부분이라는 사실을 솔직히 받아들이고 이를 다른 사람들과 공유하는 용기가 필요하다는 것이다. 극한의 상황에 몰리고 위기에 놓였다 하더라도 진정성을 잃지 않아야 진정한 리더가 될 수 있으며, 그것을 잃은 리더십은 그것으로 끝장인 것이다.

영웅적 리더십 모델에서는 리더가 판단이나 언행에 있어 한 치의 잘못도 있어서는 안 된다고 얘기한다. 그러하기에 남들에게 절대 잘못했다고 말해서는 안 되고, 실수를 인정해서도 안 되며, 모든 문제에 대한 해답을 가지고 있다고 끊임없이 되뇌어야 한다. 설령 위기가 닥쳐 아무리 겁이 나더라도 절대 남들에게 두려움을 표시해선 안 되는 것이다.

이에 반해 진정성을 강조하는 리더십은 있는 그대로의 자신에 대해 솔직하게 밝힐 수 있는 용기를 강조한다. 유약함까지도 자신의 일부분이라는 사실을 받아들이고 사람들에게 강점뿐 아니라 약점까지도 솔직히 보여주는 게 진정성을 갖춘 리더가 갖추어야 할 덕목이다. 흔히 리더들은 남들에게 약하게 보이기를 꺼린다. 자신이 실수를 인정했을 때 사람들이 우습게 볼지 모른다는 두려움 때문이다. 진정성 있는 리더는 이 두려움을 이겨내며 자신의 실수와 약점을 솔직하게 인정한다.

레이의 화려한 비상과 처참한 몰락은 리더의 선택에 따라 기업의 존폐가 갈리는 극적 상황을 단적으로 보여주는 대표적인 사례다. 손바닥으로 하늘을 가릴 수 없듯 레이의 선택은 결국 치명적인 결과를 낳았다. 탐욕과 거짓이 불러일으킨 비극이었고, 실수와 잘못을 인정하고 그것에서부터 위기를 이겨내려는 용기를 갖지 못한 결과였으며, 진정성을 잃은 리더십이 가져온 실패였다.

권위를 내려놓고 경청하라

톰 피터스는 이렇게 말했다. "20세기가 말하는 자의 시대였다면 21세기는 경청하는 리더의 시대가 될 것이다. 경청의 힘은 신비롭기까지 하다. 말하지 않아도 말하는 것보다 더 매혹적으로 사람의 마음을 사로잡기 때문이다." 초경쟁시대, 초소통시대, 초스피드시대에 상대방의 말을 귀 기울여 듣기란 쉬운 일이 아니다. 특히 리더가 자신보다 직위가 낮은 사람의 말에 귀를 기울인다는 것은 더욱 어려운 일이다. 자신의 권한, 직위를 내려놓는 용기를 필요로 하기 때문이다.

경청은 조직원의 마음을 움직일 수 있는 중요한 열쇠가 된다. 조직원의 목소리에 귀 기울인다는 것은 리더가 진심으로 조직원을 존중한다는 메시지를 전하는 가장 지혜로운 자세다. 가식 없이 경청을 통해 조직원의 마음을 이해하고 공감하는 일은 그 어떤 칭찬과 격려보다 위력을 발휘할 때가 많다. 리더와 다른 의견을 보이거나 지시에 대해 의문을 제기하더라도 권위를 내세워 묵살하거나 불편한 내색을 보이는 행동은 하책의 리더십이다. 개방적인 자세를 유지한 채 끊임없는 소통을 통해 상호 간 만족할 만한 협의점을 이끌어내는 능력은 단시간의 노력에 의해 만들어지지 않는다. 그런 의미에서 리더의 인내심은 천금과도 바꿀 수 없다.

남의 말을 많이 듣고 기꺼이 생각을 바꾸라

아마존 창업자이자 CEO인 제프 베이조스Jeff Bezos는 CNBC와의 인터뷰에서 자신이 기업을 운영하는 14개의 경영원칙에 관해 밝힌 바 있다. 그는 그 원칙 중 최고의 원칙으로 '리더는 대부분 옳다.'는 것을 꼽았다. 그러면서 그는 훌륭한 리더들은 대부분 옳게 행동한다고 강변했다. 그는 리더들이 항상 옳을 수는 없겠지만 계속 연습하다 보면 더 자주 옳을 수 있다고 강조했다. 베이조스는 옳게 행동하는 것을 어떻게 연습하느냐는 질문에 이렇게 답변한다. "우선 남의 말을 많이 듣고, 필요하다면 기꺼이 자신의 생각을 바꾸라. 경청은 여러 관점을 바라보게 하고, 더 큰 그림을 이해할 수 있는 능력을 기르게 하며, 올바르게 생각하고 행동할 가능성을 높여준다."

처음부터 경청을 잘하는 사람은 별로 없다. 의식적이고 반복적으로 훈련해야 경청이 가능하다. 무조건 듣기만 해서 경청이 이루어지지 않는다. 경청은 상대의 말하는 의도를 파악하며 적절한 대응하는 데에서 가능하다. 즉 맥락적인 경청Contextual Listening을 통해서 소통하는 게 중요하다. 한글 창제의 위업을 후대에 전한 세종대왕은 '자신의 이야기를 하고, 상대의 의견을 듣고, 상대의 의견을 본인이 올바로 해석했는지 재확인하기 위해 되묻는' 3단계 화법을 거쳤다고 한다. 상대의 의견은 어떤지, 이 문제를 어떻게 해결하면 좋을지 묻고 소통하는 경청 과정을 통해 문제를 해결하려 했기에 신뢰와 존경을 얻을 수 있었다는 것이다.

야후Yahoo 전 CEO 캐럴 바츠Carol Bartz는 경청에 대해 이렇게 말한 바 있다. "100% 귀 기울여 듣는 경청은 화자가 무의식적으로 귀한 대우를 받고 있다는 느낌을 갖게 하고, 그 결과 화자는 청자에게 더 몰입하고 좋은 인상을 만들기 위해 노력하게 된다." 이 말은 상대의 의사를 존중하는 리더의 경청이 미치는 영향력을 적절히 설명하고 있다. 즉 조직의 리더가 경청하는 자세를 보이면 조직 구성원은 자신이 긍정적인 방향으로 리더와 관계를 유지하고 있다는 믿음을 갖게 된다는 것이다. 그 결과는 당연히 긍정적으로 귀결된다. 더 나은 성과를 보여주기 위해 최선의 노력을 경주하게 될 뿐 아니라, 리더의 영향력과 추진력에 큰 힘을 보태게 된다.

자신을 낮추고 상대를 배려하라

　인류 역사상 가장 큰 영토를 지배했던 칭기즈칸은 부하들에게 자신을 부를 때 '님'이나 '주군'과 같은 호칭을 달지 말고 그냥 자신의 이름(테무친)을 부르게 했다. 또한 그는 광활한 유라시아 대륙을 호령하는 대제국의 지도자의 특권을 내려놓았다. 먹고 입은 것을 부하들과 같이 했으며 자기 것을 다른 이들과 공유하는 등 검소한 일상을 유지한 지도자로 알려져 있다.

　리더의 희생이 있는 곳에는 늘 리더의 겸손이 있다. 마찬가지로 겸손이 없으면 리더의 희생은 불가능하다. 자신을 낮추려는 자세를 통해 섬김의 성품이 완성되고 비로소 조직원들을 위한 희생의 행동이 가능해지기 때문이다. 겸손은 단순히 자신을 낮추는 것에 머물지 않는다. 진정한 겸손은 상대방을 이해하고 존중하는 것에서 비롯된다.

겸손을 유약함으로 여기는 오래된 관념

최근 월스트리트저널WSJ에 '최고의 보스는 겸손한 보스'라는 제목의 흥미로운 칼럼이 실렸다. 이 칼럼은 오늘날 중요시해야 하는 리더십 덕목 가운데 하나로 겸손humility을 언급했다. 흔히 리더에 연상되는 이미지로 카리스마 넘치고, 전지전능하며, 냉철한 판단력을 떠올리는 것과 사뭇 다른 측면을 지적한 것이다. 즉 복잡 다변화하는 사회경제적 환경 속에서는 겸손한 리더가 조직을 더 효율적으로 이끌 수 있다는 것이다.

겸손은 최근 대기업들을 중심으로 유행처럼 번지고 있는 윤리경영의 핵심이자 리더가 명심해야 할 첫 번째 화두이기도 하다. 적자생존의 경쟁에서 승리하는 것만이 능사가 아니며, 기업도 사람과 마찬가지로 윤리를 도외시한 채 이윤만 추구해서는 세계경제질서에서 도태된다는 인식전환이 가져온 결과다. 그럼에도 불구하고 많은 리더들이 여전히 카리스마형 리더십에 대한 향수를 버리지 못하고 있다. 이는 '겸손은 곧 유약함'으로 여기는 오래된 관념 때문일 것이다.

짐 콜린스가 이끄는 연구팀이 1965년부터 1995년까지 미국 최고의 기업 1,435개를 대상으로 매우 방대한 자료조사를 진행한 후 까다로운 기준을 적용해 위대한 기업 11개를 선정한 적이 있다. 이때 선정된 11개 기업들은 모두 평범한 기업에서 출발해 초우량기업으로 도약했다는 공통점을 갖고 있었다. 놀랍게도 이들 기업에는 유명한 CEO가 거의 없었다. 대신 겸손함과 직업적인 열정을 가진 소박한 CEO들이 많았다.

예를 들면 세계 굴지의 제지 회사인 킴벌리클라크의 CEO인 다윈 스미스, 세계 최고의 면도기 회사 질레트의 CEO인 콜먼 모클러 등은 유명하지도 않고 대단한 카리스마를 지닌 인물이 아니었다. 하지만 이들은 차분하고 겸손하면서도 과감한 결단과 불굴의 의지로 자신이 맡은 직분을 충실히 수행했다.

겸손한 리더는 자신이 무엇에 강점이 있고 무엇에 취약한지 분명히 알고 있으며, 자신의 한계점을 숨기지 않고 인정한다. 따라서 자신의 권한을 위임하며 조직 구성원들의 공로에 대해 적극적으로 인정한다. 이들은 조직원의 피드백을 겸허히 귀담아 듣고 수용하며 조직을 위한 발전 계기로 삼는다. 이들은 조직이 추구하는 궁극적인 목표달성을 위해 자신의 개인적 희생을 마다하지 않으며 솔선수범을 통해 조직 구성원들과 효율적으로 협업한다. 자기희생적 리더는 가장 높은 위치에서 자신을 드러내는 것이 아니라, 겸손함을 통해 팀을 섬기며 업계 최고의 팀을 만드는 데 집중한다.

겸손한 리더의 시선은 타인을 향한다

실리콘밸리의 대부로 불리는 존 헤네시John L. Hennessy 또한 성공적인 리더십의 첫 번째 덕목으로 '겸손'을 꼽았다. 헤네시는 많은 이들이 리더십의 가장 중요한 요소로 자신감을 꼽지만 자신의 생각은 다르다고 밝혔다. 리더가 신뢰를 얻기 위해 자신감을 드러내야 하는 건 맞지만, 겉으로 보이는 모습에 치중하다 보면 자신의 약점을 덮기 위해 강점을 강조하고 다른 이들의 능력을 저평가하는 자만에 빠질 수 있다는 이유에서다. 그는 겸손한 리더라야 신뢰를 통해 조직원들을 하나로 뭉치게 할 수 있다고 강조한다.

희생의 뒷모습은 겸손이다. 교만한 리더는 자신에만 집중한 나머지 조직원을 뒤돌아보지 못한다. 자신의 업무에는 열심이지만 조직원들에게 상처를 남긴다. 이와 달리 겸손의 리더는 자신의 일뿐 아니라 자신이 하지 않아도 될 일까지 기꺼이 헌신하며 희생하려 한다. 교만의 리더 눈은 자신을 향하지만, 겸손의 리더는 타인을 향하기에 그들의 고충과 어려움이 보인다. 따라서 조직원들을 위해 기꺼이 희생하며 이들을 섬긴다. 진정한 덕이 있는 곳에는 언제나 희생이 있었다.

도덕적 권위를 얻는 데
모든 노력을 쏟아라

　서번트 리더십을 주창한 로버트 그린리프Robert K. Greenleaf는 진정한 리더십에 대해 다음과 같이 말한다. "추종할 만한 가치가 있는 유일한 권위는 리더의 섬김에 비례해서 그를 따르는 사람들이 자발적으로 내어주는 것이다."

　그린리프는 섬김이라는 말을 통해 리더의 겸손함을 강조한다. 겸손이란 모든 일의 결과가 궁극적으로는 자기 손에 달려 있지 않다는 사실을 인정하고, 타인에 대한 존중과 열린 마음을 갖는 자세와 태도다. 희생의 리더십은 이런 섬김의 자세에서 비롯되며 섬김의 정신이 없이는 조직을 위한 희생 또한 불가능하다. 공식적인 지위나 권력을 가진 리더가 자신의 가진 권위나 권력을 앞세우지 않을 때, 그들의 권위는 오히려 강화된다.

실제로 강력한 영향력을 이루는 요소들은 성과, 지표, 평가, 목표를 바탕으로 한 물리적 지휘와 권한에서 오지 않는다. 오히려 공감, 신뢰, 소통, 친절을 덕목으로 하는 도덕적 권위에서 강력한 영향력이 발휘된다. 현명한 리더는 자신의 지위와 권력을 내려놓고 도덕적 권위를 얻을 수 있는 데 최선의 노력을 다한다. 리더가 자신의 영향력을 행사할 목적으로 물리적 지휘와 권한을 행사하는 것은 영향력이 제한적인 내부의 작은 성벽을 쌓는 행위일 뿐이다. 또한 자신의 도덕적 권위가 미약함을 드러내는 방증이기도 하다.

조직 전체의 마음을 움직이게 하는 리더십의 열쇠

도덕적 권위는 원칙을 지킴으로써 사람들에 대한 영향력을 발휘하는 것을 말한다. 도덕적 권위는 섬김, 희생, 헌신을 통해 만들어진다. 다시 말해 가장 높은 자리에서 모든 사람을 섬기는 겸손에서부터 권력과 도덕적 권위가 세워진다는 것이다.

도덕적 권위만으로 강력한 영향력을 발휘할 수 있을까? 사람들은 누가 자신의 권력을 휘두르는지 아니면 인내와 친절, 관대함, 공감, 부드러운 설득으로 대하는지 극도로 민감하게 구별해 낸다. 리더가 후자와 같은 면모를 보일 때 조직 구성원들은 깊은 인상과 함께 리더가 제시하는 비전이나 원칙에 동의하고 감정적 동일화를 느끼게 된다. 여기에 공식적인 권위나 지위 같은 힘이 더해질 경우, 구성원들은 두려움이 아닌 순수한 충성심을 가지고 리더를 따르게 된다. 이것이야말로 리더십의 진정한 열쇠가 된다. 높은 기준과 흔들림 없는 가치, 일관된 원칙에 꾸준한 사랑과 진심 어린 공감 그리고 넘치는 재미를 조합할 때 조직 구성원 전체의 마음을 움직이게 하는 진정한 리더십이 생겨나는 것이다.

진정한 권위는 리더가 도덕적이고 가치 있는 고귀한 목적을 추구하고, 그런 모습이 다른 사람들에게 전파될 때 형성된다. 도덕성을 충분히 인정받은 리더는 조직을 일사분란하게 이끌 수 있다. 그런 이유로 조직에 기복이 있고 실패가 있다 하더라도, 도덕적 권위를 통해 조직을 단결시키며 단기간에 극복해낼 수 있다. 도덕성은 길을 잃었을 때 방향을 찾기 위한 기준이 된다. 리더가 조직에서 부여한 형식적인 권위만을 내세운 채 배우고 성장하는 것을 멈추는 순간, 조직은 도덕성의 길에서 헤매게 될 것이다. 도덕적 힘을 키우기 위해 끊임없이 노력하는 리더만이 선한 영향력을 만들어낼 수 있다.

세계적인 미래학자 게르트 레온하르트Gerd Leonhard는 2020년 조선비즈와의 인터뷰에서 이런 말을 했다. "재무제표에 의존하던 과거의 금융 기반 리더십이 모럴moral 리더십으로 바뀔 것이다. 인간은 위기에 처하면 진실한 대답, 현명한 지도력 그리고 희망을 찾기 위해 도덕적 권위에 기대는 경향이 있다."

그는 경제위기와 포스트 코로나 시대에 필요한 리더의 덕목 중 가장 중요한 핵심을 도덕성에서 찾았다. 그는 또 리더의 도덕성이 사안이나 상황에 대해 옳고 그름을 판단하는 중요한 능력이라는 점을 역설한다. 나아가 솔선수범을 통해 조직원 및 대내외의 이해 관계자들로부터 신뢰와 지지를 받을 수 있는 강력한 토대라고 강조한다.

조직가치를 위해
과감히 포기해야 하는 것들
| 자원편 |

시간투자는
최고의 희생이다

　많은 리더들은 회사를 위해 돈을 희생하면 더 나은 리더로 보일 것이라고 생각한다. 하지만 이는 대부분의 경우 잘못된 생각이다. 돈을 지불하고 돌려받는 것은 매우 간단하다. 자신이 이미 많은 돈을 소유하고 있다면 이 돈의 일부를 직원이나 회사에 지출하는 것은 아주 작은 볼품없는 희생이다. 반면 의미 있는 희생은 시간과 에너지와 같이 되찾거나 되돌릴 수 없는 희생이다. 벤자민 프랭클린Benjamin Franklin은 "시간은 돈이다."라고 말한 바 있다. 삶의 최상위에 있는 자본과 시간을 동일선상에 세운 것이다. 시간이 귀한 환경하에서 타인을 위해 시간을 쏟는 것만 한 희생이 없다는 의미로도 해석할 수 있다. 그런 의미에서 자신의 시간을 조직원들을 위해 사용하는 리더의 희생은 매우 가치 있는 일이다.

사람을 관리하는 데는 많은 시간이 투여된다. 조직원들은 모든 종류의 상황에서 방향성과 지원을 제공받기 위해 리더를 찾는다. 리더는 조직원들의 교사, 카운슬러, 코치, 부모, 치어리더 역할을 감당한다. 그리고 그 외 조직원들 필요에 부응하는 여러 역할도 있다. 조직 구성원들과 회사를 위해 시간을 내어주는 것은 모든 훌륭한 리더들이 하는 일반적인 희생이다. 그렇게 소비한 시간은 다시 찾을 수 없는 것이기에 꽤 중요한 희생이다.

시간할애는 최고의 관심과 지원이다

다른 사람에게 주면 그 시간은 잃어버리고 만다. 리더가 조직원을 포함한 다른 사람의 필요에 우선순위를 두어 시간을 소비하게 되면 자신에게 집중할 시간이 줄어들게 된다. 리더는 조직원들이 생산성 향상을 위해 요구하는 여러 현안들에 시간을 투자하고 집중해야 하는 위치에 있는 사람이다. 조직원들의 성공을 돕는 리더의 행위는 개인적인 희생이 불가피하지만, 대개 이런 행동의 영향력은 매우 강력하고 조직에 긍정적인 영향을 미친다.

시간을 투자하는 것은 조직 내 신뢰구축이라는 측면에서도 유용하다. 리더가 신뢰를 구축하는 주요방법 중 하나가 조직원들에 대해 시간을 투자하는 일이다. 조직원들에게 시간을 주는 것은 최고의 관심과 지원이다.

그렇다면 리더는 어떻게 시간을 희생해야 할까? 흔히 리더가 조직원을 위해 시간을 할애하는 것은 고군분투하는 조직원의 업무량을 감당하기 위해 추가 시간을 투자하는 것으로 여긴다. 그렇지만 이것은 장기적인 측면에서 좋은 희생이라 할 수 없다. 의미 있는 희생이 되기 위해서는 리더의 시간투자가 조직원들에게 지속적으로 영향을 미치며 행동변화에 기여해야 한다.

시간을 조직원들을 위해 사용하는 것의 핵심 중 하나는 인재개발이다. 미국의 베스트셀러 작가인 마커스 버킹엄Marcus Buckingham은 그의 저서 『사람의 열정을 이끌어내는 유능한 관리자FIRST, break all the rules』에서 능력 있는 직원이 회사를 떠나는 가장 큰 이유로 상사의 무관심과 성장기회 부족을 꼽았다. 인재육성 시스템이 잘 갖춰진 조직이라 하더라도 부하 직원의 성장을 돕는 노력이 구체적으로 이뤄지지 않는다면 좋은 결과를 얻을 수 없다는 것이다. 즉 조직원들의 성장을 위한 리더의 시간 희생이 시스템보다 우선한다는 의미다.

그렇다면 리더의 시간을 무한정 직원육성에 쏟아부어야 할까? 그렇지 않으며 그럴 수도 없다. 여기에서도 적절한 전략이 필요하다. 부하를 육성하는 데 있어 가장 우려스러운 경우는 조직원 모두를 키우겠다는 생각을 할 때다. 이는 리더의 지나친 의욕 때문이기도 하지만 누구는 키우고 누구는 키우지 않으면 공정하지 못한 상사가 되지 않을까 하는 걱정 때문일 때가 많다.

조직의 유익을 가져오는 효율적인 희생

부하를 잘 육성하는 리더가 되고 싶다면 모두를 육성하겠다는 생각을 과감히 버려야 한다. 모두를 육성하려는 시도는 시간부족, 역량부족, 리더 자신의 업무관리 등 리더가 처한 여러 제약으로 인해 현실성이 떨어진다. 리더로서 시간과 관심을 골고루 나눠주다 보면 잠재력이 높은 조직원들에게 리더의 충분한 도움이 전달되지 못하는 결과를 초래하게 된다. 물론 상대적으로 성장 가능성이 적은 조직원을 위한 시간투자도 보람 있는 일이다. 하지만 조직을 책임지는 리더 입장에서 볼 때 효율적이지 않다. 리더는 무조건적인 희생이 아닌 조직의 유익을 가져오는 효율적인 희생을 해야 한다.

세계적인 경영학자 마이클 E. 포터 Michael E. Porter는 "시간은 리더에게 가장 부족한 자원이다. 리더의 시간 배분은 매우 중대한 문제다."라고 말한 바 있다. 그만큼 시간을 조직원들을 위해 포기하는 것은 어떤 것보다 값진 희생이다. 시간을 희생하는 것만큼 성공적인 목표를 달성하는 데 필수적인 것은 없다. 시간에 대한 투자는 돈과 같은 방식으로 회수할 수 없기 때문에 이러한 유형의 희생은 개인적으로 더 많은 대가를 지불해야 한다. 그럼에도 진정으로 성공하기를 원하는 지도자들은 이러한 희생을 기꺼이 감당해야 할 것이다.

누구에게나
좋은 사람이 되길 포기하라

조직 구성원들의 잘못을 지적하고 성과를 추궁하기보다 직원들을 항상 존중하는 마음으로 대하고 모든 사람을 품을 수 있는 착한 리더가 좋은 리더일까? 결과적으로 말한다면 꼭 그렇지 않다. 리더는 누구에게나 무조건적으로 좋은 사람이 아니다. 사람 좋은 사람, 편하게 일하게 해주는 사람이 아니라는 것이다. 리더는 자신의 확고한 가치에 따라 조직의 방향을 결정하는 사람이다.

따라서 그 누구보다도 확고한 가치관과 신념을 바탕으로 목표를 향해 돌진하며 어려움에 맞서 투혼을 불사르는 존재다. 리더는 좋은 관계를 유지하기 위해 기분 좋은 말만 하지 않는다.

리더는 듣기 좋은 말보다는 날카로운 비평과 절대적인 솔직함으로 조직을 올바른 방향으로 인도한다. 때로 리더는 조직의 혁신을 위해 어쩔 수 없는 결정을 내려야 하는 순간과 마주하게 된다. 이때 리더는 자신의 착함을 내려놓아야 한다. 즉 모든 조직원들과 좋은 관계를 유지함으로써 좋은 사람이 되고 싶은 욕구를 포기해야 한다.

싫은 소리를 하는 것은 누구에게나 어려운 일이다. 타인에게 상처를 줄 수도 있고 미움을 받을 수 있는 일을 하고 싶은 사람은 없다. 관계만 중시하는 리더는 결코 좋은 리더가 될 수 없다. 관계를 중요시하는 착한 리더는 가감 없는 피드백을 주는 데에 어려움을 느끼며, 잘못을 바로잡을 타이밍을 놓치게 된다. 이렇게 되면 조직 구성원은 자신의 실수를 미처 깨닫지 못하고, 자기 발전의 기회를 잃게 되며, 조직의 성과는 떨어지게 된다.

기꺼이 미움받을 각오를 해야 하는 이유

좋은 관계를 유지하는 데 모든 에너지를 쏟는 리더들은 중요한 의사결정을 지연시킨다. 의사결정 대부분은 다양한 이해관계와 갈등의 조정이다. 또 손익을 정확히 고려해야 하며 적시에 이뤄져야 한다. 때를 놓치지 않는 합리적 의사결정에는 우선순위에 대한 냉정한 고려가 요구된다. 이런 상황에서 관계유지를 위해 힘을 쏟는 리더들은 중요한 것을 놓치게 된다. 이들은 부드러움과 유약함을 혼동해 관계유지에 연연한 나머지 더 중요한 원칙을 망각하고 큰 실수를 범하기도 한다. 이는 조직을 수렁에 빠뜨리는 트리거 역할을 할 수도 있다.

제2차 세계대전 유럽 전선에서 연합군 승리에 큰 몫을 담당한 조지 패튼George Smith Patton Jr. 미 육군 장군은 다혈질이며 부하들을 세게 몰아붙이기로 유명했던 인물이다. 또 1996년부터 현재까지 1,200승 이상을 올리며 미국프로농구NBA 최다우승 기록을 늘려가고 있는 농구감독 그레그 포포비치Gregg Charles Popovich도 선수를 가혹하게 비판해 팀원들의 원성을 듣는 리더로 악명을 떨친 바 있다. 의사결정자로서의 리더는 올바른 결정을 내리기 위해 항상 호감을 받는 역할을 하는 건 아니다. 리더가 되면 때때로 악당 역할을 해야 하며 이를 위해 기꺼이 관계의 희생을 감당해야 한다. 경영학의 그루 피터 드러커는 이런 말을 했다.

> 유능한 리더는 사랑받고 칭찬받는 사람이 아니다. 그는 자신을 따르는 사람들이 올바른 일을 하도록 하는 사람이다. 인기는 리더십이 아니다. 리더십은 성과다. 조직의 성과를 책임지는 리더는 모든 사람에게 좋은 사람일 수 없다. 리더가 되기 위해서는 기꺼이 미움받을 각오를 해야 하며, 조직의 유익을 위해 관계를 희생해야 한다. 보이지 않는

망망대해와 같은 불확실한 경영환경에서 선원들에게 필요한 말은 듣기 좋은 말이 아니다. 그들이 필요한 것은 배가 침몰되지 않도록 올바른 방향으로 인도하는 선장이다. 이것이 리더가 관계를 희생해야 하는 이유이다.

우선순위가 아닌 것은
희생하라

리더는 구체적인 의사결정과 행동을 통해 책임을 구현한다. 리더에게 있어 가장 중요한 책임은 조직의 생존과 목표달성이다. 이를 위해 리더는 우선순위를 정하고 의사결정을 하며 이를 행동으로 옮긴다. 리더가 우선순위를 잘못 파악한 결정을 내리면 조직의 생존과 목표달성은 위험해진다.

우선순위 선정의 실패는 곧 자원관리와 배분의 실패를 의미하며, 효율과 성과의 실패를 가리킨다. 리더는 자신의 결정과 행동으로 인해 조직이 위험에 처할 수 있다는 것에 극도의 민감성을 갖고 있는 존재다. 그중에서도 조직의 성패가 걸린 우선순위 결정은 가장 예민한 현안이다. 그러하기에 리더는 우선순위에 벗어나는 일들을 과감히 버리는 용기를 발휘해야 한다. 보다 중요한 것을 위해 그렇지 않은 것을 희생해야 한다는 것이다.

소중한 것을 위해 다른 모두를 포기할 줄 아는 결단

세계 7대륙 최고봉과 북극점, 남극점을 탐험한 앨리슨 레빈 Alison Levine이 미국 최초로 여성 에베레스트 등반대 리더로 선발되었을 때 일이다. 그녀는 최고의 전문가들과 팀을 꾸리기 위해 몇 년에 걸쳐 준비를 한다. 그리고 마침내 2002년, 그녀는 모든 등반가들이 꿈꾸는 히말라야 에베레스트 등정에 나섰다. 그런데 정상을 눈앞에 두고 그녀는 등반을 포기한다. 정상 정복을 100m도 남겨놓지 않은 지점에서의 결정이었다. 예상 밖의 기상악화와 엄청난 돌풍을 감파한 후 정상 등반을 포기하고 팀을 철수시킨 것이다. 더 이상의 도전은 팀원의 생명을 위협하는 무모한 일이라고 판단했기 때문이다.

앨리슨은 인터뷰에서 수많은 등반가들이 정상 문턱에서 동일한 결정을 했다는 사실을 언급하며 자신이 결정이 올바른 것이라고 주장했다. 그녀는 인터뷰에서 이런 말을 했다. "생명이 위협받는 상황에서는 반드시 안전을 우선시해야 한다. 이 상황에서 리더는 리더의 모든 행동이 나 자신뿐 아니라 주변 사람들에게 어떠한 영향을 미칠지도 생각해봐야 한다. 그것에 얼마나 많은 피와 땀, 눈물을 쏟았든 관계없이 말이다."

　미국의 33대 대통령 해리 트루먼Harry Truman은 1945년 임기를 시작하면서 내정보다는 외교관계 구축을 첫 번째 과제로 삼았다. 당시까지만 해도 외교 우선 정책은 역대 대통령들이 큰 관심을 두지 않았던 분야였다. 논란의 여지가 많은 외교정책의 특성상 대중적인 인기를 얻는 데 별 도움이 되지 않아서였다. 하지만 그는 정치적 포퓰리즘을 포기하고 우선순위에 따라 정책을 시행하는 용기를 가진 인물이었다. 훗날 그의 정치적 결정은 세계대전 말기에서 냉전기로 이어지는 급격한 세계사 흐름 속에서 전후질서 확립에 크게 기여했다는 평가를 받았다.

　때로 리더들은 당장 눈앞에 놓인 상황을 수습하기에 급급해 우선순위를 거스르는 행동을 함으로써 조직을 위험에 빠뜨리기도 한다. 물론 리더는 그런 실패를 통해 성장하기도 한다. 하지만 무엇이 중요한 것인지 명확히 알지 못한다면 진정한 리더로 성장하기는 어렵다. 현명한 리더는 정상을 코앞에 두고 팀원의 안전을 최우선가치로 여겨 철수할 줄 아는, 대중적 인기를 포기하면서 국가정책의 우선순위를 과감하게 정하는 용기를 가진 리더다. 가장 중요한 것을 위해 그렇지 않은 것을 포기하는 지혜, 가장 소중한 것을 위해 다른 것을 모두 포기할 줄 아는 결단이 희생적 리더가 갖는 빼놓을 수 없는 덕목이다.

정보소유에 대한
욕심에서 벗어나라

　조직 리더들은 대체적으로 정보공유를 두려워한다. 정보가 자신들의 고유한 특권이라 생각하기에 다른 사람과의 정보공유를 기득권 침해라 여기며 필사적으로 막으려 한다. 이런 리더들은 지위가 높을수록 더 많은 정보를 가질 권한이 있다고 여기며, 지위가 낮은 직원들이 정보에 접근하지 못하도록 차단한다. 이렇게 정보가 리더에 의해 독점이 되면 조직원은 통제의 대상이 될지 모른다는 두려움을 갖게 된다. 또 정보 부족으로 인해 앞으로 어떤 일이 벌어질지 내다보기 어렵게 되어 업무진행에도 차질을 빚게 된다.
　조직 내 정보의 비대칭성과 불투명성은 조직의 소통을 가로 막고 상호신뢰를 저해하는 요인이다. 정보를 독점하려는 리더는 정보에 집착하고 획득한 정보를 혼자 소유하고 있거나 오래도록 간직한다. 그리고 시간 흐름에 따라 가치를 잃거나 그 가치가 현저히 떨어졌을 때 뒤늦게 공유한다.

모든 직원이 참여하는 유한킴벌리의 경영정보 설명회

리더는 정보소유에 대한 욕구와 집착에서 벗어나야 한다. 독점한 정보를 통해 조직원을 통제하려는 리더의 속내는 구시대적 발상에서 벗어나지 못한 권위주의적 사고다. 또한 그렇게 독점한 정보는 제대로 활용되지 못하고 아무 쓸모없이 썩게 될 가능성이 높다. 반면 정보를 공유하고 조직 전체에 정보가 흐르게 노력하는 리더는 그 정보공유를 통해 큰 힘을 얻게 된다. 공유된 정보를 바탕으로 더 좋은 아이디어가 나올 수 있으며, 공유된 이슈를 통해 리더만의 당면과제였던 것이 조직원 모두가 힘을 합쳐 헤쳐나갈 과업으로 바뀌게 할 수 있다.

유한킴벌리는 조직원들에게 경영정보를 투명하게 공유하는 대표적인 회사다. 유한킴벌리는 매월 회사의 운영현황 및 경영정보를 공개설명회를 통해 공유한다. 이 설명회에는 임원진뿐 아니라 모든 직원이 참석할 수 있다. 직원들의 경영정보에 대한 이해를 높이기 위해 영상으로 제작한 비디오 사보도 공유하고 있다.

이 비디오 사보에는 회사의 경영실적과 투자계획이 포함되어 있다. 각 사업부문에서 현재 어떤 프로젝트가 진행하고 있는지, 성과는 어떤지, 제품에 대한 고객반응은 어떤지 등 다양한 소식을 함께 접하게 된다. 심지어 조직 내 이슈가 발생해 일부 생산라인이 중지됐을 때와 같은 조직 내 부정적 현황까지도 투명하게 공개한다.

대부분 직원들이 처음에는 대수롭지 않게 여기거나 시큰둥한 반응을 보였다고 한다. 하지만 시간이 흐르면서 투명한 정보공개를 바탕으로 회사정책 및 방향에 대한 이해 폭을 넓히면서 능동적인 업무추진 분위기가 조성되었다. 이렇게 정보를 직원들에게 공유하며 경영의 주체로서 조직원들을 인정하는 유한킴벌리는 수년째 한국에서 가장 일하기 좋은 기업의 상위권에 이름을 올리며 높은 성과를 구가하고 있다.

리더가 정보독점을 포기하는 순간 조직은 효율화를 통해 고성과조직으로 가는 전기를 마련할 수 있다. 마치 구글 서치에서 정보를 얻듯이 직원들은 모든 데이터의 손쉬운 접근을 통해 현장에서 즉각적인 의사결정을 할 수 있다. 하급자에서 상급자에 이르기까지 모든 정보가 공유되므로 각종 수치와 도표를 꾸미는 소모적인 프레젠테이션 장표도 사라진다. 정보를 공유하기 위한 불필요한 미팅도 사라지며, 데이터를 가공하며 목적에 맞게 통계를 수정하고 원하지 않는 수치를 감추는 고통스러운 작업도 더 이상 필요없게 된다. 주간 미팅, 월례회의 등 다양한 공식석상에 필요한 숫자를 수정하는 데 시간과 에너지를 낭비할 필요도 없어진다.

주인의식 고취를 위해 가장 먼저 정보를 공개하라

그런데 여전히 정보를 소유하며 자신의 권위를 지키며 군림하려는 리더들이 많은 게 사실이다. 이들은 상명하달식의 일방적 커뮤니케이션을 고수하며 업무수행에 필요한 최소한의 정보만 노출한다. 이를 통해 관리감독의 역할만 수행하는 것이다. 반면 정보독점을 포기하는 리더는 목표수립 과정에서 상호침투하는 커뮤니케이션을 통해 조직원들과 같은 목표를 가지고 나아갈 수 있다. 이런 리더들은 정보를 독점하려는 욕심에서 벗어나 리더와 조직원이 가진 정보의 차이를 대화와 토론을 통해 좁히려고 노력한다. 정보독점을 포기하고 희생하는 용기라 할 수 있다.

희생의 리더십은 리더의 권위를 내려놓고 조직원들을 세우는 리더십이다. 조직원들에게 의미를 부여하고 이를 통해 조직원들의 자발성을 키워 결국 이들 모두를 리더로 세우는 리더십이다. 미국의 인사조직 경영컨설팅 회사인 에이온휴잇Aon Hewitt은 직원들에게 주인의식을 고취하기 위해 가장 먼저 정보를 공개하라고 말한다. 회사의 일반적인 소식뿐 아니라 주요 관리지표를 비롯한 모든 경영정보를 과감하게 공유하라는 것이다. 자기 집의 재정상태나 운영상태를 모른다면 주인이라고 할 수 없기 때문이다.

복잡한 전략을 피하고
한 가지에 집중하라

경영환경이 복잡해지는 시대다. 그 추세도 가파르다. 이에 따라 조직과 구성원들의 활동도 복잡해지는 양상이다. 마치 보험상품이나 파생상품처럼 아무리 설명을 들어도 이해하기 어려운 제품과 복잡한 프로세스를 거쳐야 하는 서비스상품이 범람하고 있다. 더욱 정교하고 복잡한 경영전략과 IT시스템으로 경영환경이 진화하고 있다는 것도 확연히 느낄 수 있다. BCG 매트릭스, PEST Political, Economic, Sociological, Technological, 5-FORCES, 6 Sigma 등 다양한 경영분석 도구와 통계기법을 도입해 다각적인 전략을 도출하는 시대에 접어든 것이다.

이런 시대를 맞아 리더들은 세부적이고 구체적인 방안들을 모색하고 이를 실행에 옮기기 위해 고심하고 있다. 이와 함께 복잡해야 첨단이라는 인식을 가진 리더들도 늘어나고 있다. 문제는 시장이 너무 빠르게 변하고 있다는 것이다. 베스트셀러 제품이 단 몇 주 만에 구식 취급을 받게 되고, 기업이 가만히 있어도 경쟁력에서 밀리는 '레드퀸 효과'Red Queen Effect를 염려하기도 한다.

이런 환경하에서 많은 리더들이 복잡한 경영전략을 추구하는데, 그 이유는 명확하다. 거창한 전략에서 오는 심리적 안정감을 갖기 위해서이고 또 불명확한 방향성의 대응 차원에서 끊임없는 전략 수정을 통해 활로를 찾기 위해서이다. 이와 관련, 잭 웰치는 이런 말을 했다. "사람들이 단순해지는 것이 얼마나 어려워하는지, 그리고 그들이 단순해지는 것을 얼마나 두려워하는지는 믿을 수 없을 정도다. 그들은 단순해지면 다른 사람들이 자신들을 멍청하다고 생각할 것으로 우려한다."

규칙이 많으면 정의는 적다

물론 기업들이 성장과정에서 필연적으로 확장전략을 추구하기 때문에 시간이 지날수록 모든 프로세스가 복잡성을 띠기 마련이다. 그런데 문제는 이 과정에서 핵심직무보다 부가적인 일들에 매몰된 나머지 불필요한 업무와 프로세스가 쌓이게 된다는 점이다.

희생의 리더는 복잡하고 좋아 보이는 전략을 과감히 포기하고 한 가지 전략에 집중한다. 조직을 승리로 이끄는 한 가지 전략을 위해 모든 것을 던져 버리는 것이다. 그들은 단 한 가지 원칙을 세우며 이를 전략으로 연결한다. 그들은 이 하나의 원칙이 얼마나 위대한 힘을 발휘하는지 잘 알고 있다. 이들은 거창한 전략들 대신 문제의 핵심을 겨냥하는 한 가지 전략을 믿는다. 그리고 이를 고수하기 위해 자신의 모든 것을 기꺼이 희생한다. 따라서 희생의 리더십은 단순함Simplicity 형태로 나타난다.

희생의 리더는 한 가지 리더십 원칙을 통해 자신을 다스리고 한 가지 전략을 통해 조직을 이끈다. 케네디는 "경쟁상대보다 1시간 더 공부한다."라는 한 가지 신념이 있었고, 칭기즈칸은 "화가 난 상태에서는 절대로 중요한 결정을 내리지 않는다."라는 원칙을 신조로 삼았다. 이들은 단순하지 않으면 행동으로 연결되지 않는다는 것과 많은 원칙들은 충돌을 일으켜 실행으로 옮겨지지 않는다는 사실을 잘 알고 있었다. 따라서 전략을 세울 때도 반드시 작고 단순하지만 실천 가능한 원칙을 전략으로 삼았다.

네트워킹 하드웨어, 보안 서비스 등을 제공하는 미국의 다국적 기업 시스코Cisco는 M&A 분야에서 '마이다스의 손'으로 불린다. 미국 기업의 평균 M&A 성장률이 약 30%임에 비해, 시스코는 229개 이상의 IT 기업과 30여 개 스타트업 기업을 인수해 무려 90% 이상의 성장률을 과시했다. 이렇게 높은 M&A 성공률을 자랑하는 시스코를 보고 사람들은 그들만의 복잡하고 정교한 기업평가 방식과 조직합병 전략이 있을 것으로 생각한다. 하지만 놀랍게도 이들의 원칙은 정말 간단했다. 직원 수 75명 미만, 엔지니어가 전체 직원의 75% 이상인 곳만 인수한다는 게 그들의 원칙이었다.

파괴적인 혁신으로 콘텐츠 비즈니스를 지배하고 있는 넷플릭스Netflix의 사례를 들어보자. 일반적인 조직에서는 지출, 유흥비, 선물, 출장과 관련된 정책의 조항을 수십 개에서 수백 개의 조항으로 세부지침을 만들고 이를 지킬 것을 요구한다. 하지만 넷플릭스는 단 한 가지 지침만을 가지고 있다. 바로 '넷플릭스에게 가장 이로운 방향으로 행동하라Act in Netflix's Best Interest.'이다. 넷플릭스는 불필요한 절차를 없애고 규칙을 최소화하는 것으로 혁신성과 창의성이 발현된다고 믿었고, 이는 실제 결과로 나타났다. 일찍이 키케로Marcus Tullius Cicero는 이런 말을 했다. "규칙이 많으면 정의는 적다The More Laws, The Less Justice."

조직성과를 위해
버리고 집중해야 하는 것들

| 성과편 |

성과가 아닌
사람에 투자하라

1980년대부터 1990년대까지의 기업들은 대체적으로 주주가치 극대화에 온 힘을 쏟아부었다. GE의 잭 웰치, 코카콜라의 로베르토 고이주에타Roberto Goizueta는 주주가치 극대화의 선구자 역할을 담당한 인물이다. 특히 잭 웰치는 주가상승 기여도에 따라 각 부서의 성과를 평가한 것으로 유명하다. 그는 매년 하위 10%의 성과자는 해고를 했고 상위 20%의 성과자에게는 스톡옵션으로 보상했다. 실제로 이런 경영방침은 주주에게 많은 돈을 벌어 주는 데 성공했다.

그는 단기적인 가치를 극대화하는 탁월한 방법을 알고 있었다. 하지만 그가 떠난 뒤의 GE는 초라했다. 장기적인 관점에서 조직을 구축하지 않고 단기적인 실적에 매진한 결과였다. 리더가 남겨야 하는 유산은 후임자가 조직을 이어갈 수 있도록 기반을 탄탄하게 다지는 것인데, 사람이 아닌 성과에 치중한 나머지 지속성장 가능한 토대를 만들지 못했던 것이다.

충성심이 깊은 것은 주주가 아니라 직원이다

2006년 7월 포춘Fortune 지紙에서 '잭 웰치의 경영교본을 찢어버려라'는 내용의 특집기사가 무려 10쪽에 걸쳐 다루어진 적이 있다. 이 기사는 한때 미국의 경영 바이블로 통했던 잭 웰치 리더십의 종언이었다. 그런데 아직도 경영 일선에서는 잭 웰치의 망령인 양 아날로그 리더십이 여전히 활개를 치고 있다. 혼자 판단해서 과감히 추진하며, 최고가 되지 못할 사업은 과감히 매각하거나 정리한다. 칼 같은 평가방식을 통해 불필요한 인력을 과감히 도려낸다. 리더들은 투자자의 이익을 위해 직원을 소품으로 여긴다. 분기, 연간 실적달성, 손익을 개선하겠다는 명분으로 가차없이 정리해고를 단행한다.

희생의 리더십 핵심요소는 사람이다. 경영에서 사람은 뜬구름 잡는 철학적인 이야기가 아니라, 조직의 성패를 좌우하는 실제적인 경영요소다. 희생적 리더는 경영에서 사람이 가장 중요한 요소라는 것을 알고 있다. 이들은 주주들의 만족이 아니라 직원들의 만족과 안전을 위해 노력한다. 사람을 통해 성과가 나온다는 것을 알고 있으며, 이를 위해 기꺼이 유익을 희생한다. 사람 위에 조직을 세우고 이들을 통해 조직의 토대를 세운다.

경제경영 전문 저널리스트 저스틴 폭스Justin Fox와 제이 로사 Jay Lorch는 하버드 비즈니스리뷰Harvard Business Review에 다음과 같이 말했다. "주주 극대화가 목표가 아닌, 다른 요소를 목표로 설정한 기업들이 장기적으로 주주가치를 극대화는 데 성공했다. 기업을 잘 알고 충성심이 깊은 것은 주주가 아니라 직원이다. 여기에 집중하면 이익은 자연스럽게 따라온다."

코스트코Costco의 창립자이자 전 CEO 제임스 시니걸James Sinegal의 사례를 살펴보자. 그의 경영방식은 잭 웰치와 정반대였다. 잭 웰치가 6권의 책을 쓰며 자신의 리더십을 과시하는 동안, 시니걸은 자신의 공을 직원들에게 돌렸다. 그는 직원들을 보호하는 조직문화를 만들어야 한다는 신념이 있었다. 그는 자신의 신념에 따라 직원들의 임금과 복지 수준을 낮춰야 수익을 올릴 수 있다는 리테일업계의 생리를 깨버리고 직원들의 연봉과 복지를 개선했다. 2005년 전체 의료보험료 인상에 따라 근로자 부담금 비율이 상승했음에도 시니걸이 직원들의 부담금을 높이지 않겠다고 선언하자, 세계적인 자산운용 그룹 중 하나인 샌포드 번스틴의 유명 애널리스트 에미 커즐로프Emme Kozloff는 "시니걸은 과도하게 자애롭다."라며 그를 비난했다.

이런 비난에도 불구하고 시니걸은 자신의 리더십이 옳았음을 끝내 증명했다. 코스트코는 시니걸 은퇴 후에도 놀라운 성장률을 보이며 지속적인 성장을 거듭했다. 주가는 GE의 200% 수익률을 기록했으며, 2008년 금융위기 때도 연수익 10억 달러를 넘겼다. 가장 주목할 점은 코스트코가 위기 때에 더욱 사람에게 집중했다는 것이다.

금융위기를 맞아 월마트를 비롯한 리테일업계가 정부의 최저임금 인상안을 부결시키기 위해 집결하고 정리해고안을 발표했지만, 코스트코는 오히려 임금인상안을 승인하며 직원들을 끌어안았다. 이런 조치들은 조직 내 믿음과 신뢰, 안전함, 소속감이라는 가치를 키웠다. 또 이를 통해 조직이 더욱 성장하게 되었고 영속하는 기업으로의 성장토대를 마련하게 되었다.

시간이 걸리더라도 최적의 인재를 선별하는 지혜

하버드 경영대학원Harvard Business School 교수이자 인시아드INSEAD 설립자인 조지 도리엇Georges Doriot은 조직관리와 관련된 흥미로운 실험을 진행했다. 'B급 팀원들과 함께하는 A급 아이디어와 A급 팀원들과 함께하는 C급 아이디어 중 하나를 골라야 한다면 무엇을 선택하겠는가?'라는 게 그 주제였다. 실험 결과, 대부분 사람들이 더 나은 아이디어를 제시한 B급 팀원들과 함께하겠다는 선택을 했다. 그러나 도리엇 교수는 언제나 A급 팀원들과 함께하는 선택을 해야 한다고 말한다. 그 근거로 경영환경과 아이디어가 사람보다 훨씬 빠르게 변화한다는 것을 들었다.

그에 따르면, 환경이 변함에 따라 A급 팀원들은 계획을 수정하고 진화시키는 동시에 업무가 수행될 수 있게 다른 팀원들의 동기를 부여한다는 것이다. 또한 이들은 과업을 수행하는 내내 소속된 조직의 핵심가치를 충실히 지킨다는 것이다.

그렇다면 왜 실험 참가자 대다수가 A급 팀원들이 아닌 A급 아이디어를 선택했을까? 사람 자체나 구성원들의 가치관, 성품보다 사업기회가 보이는 눈앞의 아이디어에 더 큰 흥미를 느끼기 때문일 것이다. 당장의 유익에 급급한 나머지 조직 구성원의 선별을 등한시하고 타협하게 되면 그 아이디어를 실행하다가 난관에 봉착하게 된다.

A급 팀원들은 또 다른 A급 인력을 끌어들인다. 반면 B급 인재들은 C급, D급 인재를 끌어들인다. 다시 말해 눈앞의 성과보다 조직에 적합한 사람을 찾는 게 더욱 중요함을 일깨우는 대목이다. 피터 드러커는 "당신이 채용에 5분밖에 시간을 사용하지 않는다면, 잘못 채용된 사람으로 인해 발생한 사고를 수습하는 데에 5,000시간을 사용하게 될 것이다."라고 말했다.

리더는 눈앞에 보이는 성과를 포기하고 시간이 걸리더라도 최적의 인재를 선별하는 지혜가 있어야 한다. 강인하고 가치를 중시하는 성품을 가진, 그러면서도 자기 분야에서 뛰어난 평가를 받는 A등급 사람들 말이다. 사람이 위대한 아이디어를 만들고 실행한다. 그 역은 성립하지 않는다. 사람을 우선시하는 건 오랜 시간이 필요한 기업의 장기목표와 맞닿아 있다. 단거리 경주가 아닌 장거리 여행이며 평생 이어지는 과제이기도 하다.

훗날 잭 웰치는 주주가치 이론을 두고 "세상에서 가장 멍청한 생각이었다."라고 말하며 주주가치를 전략이 아니라 결과로 바라보아야 했음을 시인했다. 성과 중심의 리더는 최종 목표를 성과에 초점을 맞추어야 한다고 생각한다. 그리고 모든 경영활동 역시 사람이 아닌 성과에 중심을 맞춰 조직을 운영한다. 그 결과, 성과에 지나치게 집착한 나머지 그 관리에만 매몰되어 정말 중요한 것이 무엇인지를 망각하고 만다. 사람이 성과를 만든다는 믿음을 갖기 못하기 때문이다.

편안함을 희생하고
모범을 보여라

한 어머니가 아들을 데리고 마하트마 간디에게 찾아갔다. 그 어머니는 간디에게 아이가 설탕을 너무 좋아해 계속 먹겠다고 고집을 피운다고 얘기했다. 그러면서 아이가 간디를 존경하는 까닭에 간디가 설탕을 먹지 말라고 하면 끊겠다고 한 사실을 전했다. 어머니는 간디에게 아이가 설탕을 끊게 해주기를 간곡히 부탁했다. 간디는 소년의 눈을 바라보며 그의 어머니에게 이렇게 말했다. "한 달 후에 다시 오시면 그렇게 하도록 말하겠습니다."

먼길을 왔으니 그냥 가라고 하지 말고 아들에게 설탕을 많이 먹으면 해롭다는 말 한마디만 해달라는 어머니의 간절한 부탁에도 불구하고 간디는 한 달 후에 오도록 당부하고 돌려보냈다.

한 달 후가 되었다. 어머니가 다시 아들과 함께 간디를 찾아갔다. 이에 간디가 말했다. "얘야, 설탕을 많이 먹으면 건강에 해로우니 먹지 않는 것이 좋겠구나." 왜 한 달 전에는 그 말을 해주지 않았는지 어머니가 묻자 간디가 대답했다. "실은 저도 설탕을 좋아하고 있었습니다. 한 달 전에는 저도 설탕을 끊지 못하고 있었는데, 아이들에게 설탕을 먹지 말라고 이야기하기 전에 제가 먼저 설탕을 끊어야 했습니다."

영향력은 입술에서 나오지 않는다

공식적인 직함은 없으나 사람들에게 큰 영향력을 끼치는 사람들이 있다. 리더다운 면모와 일관된 삶을 통해 주변인들에게 인정을 받는 인물들이 이에 해당한다. 반대로 리더의 자리에 있으면서도 아무런 영향을 끼치지 못하는 사람도 있다. 실제적인 영향력을 가진 리더에게 형식적인 지위나 권한은 그리 중요하지 않다. 이들은 리더라는 형식적인 타이틀을 벗어던지고도 더욱 강력한 리더십을 발휘할 때가 많다. 영향력 있는 리더는 하루아침에 만들어지지 않는다. 오랜 기간 그를 지켜보던 주변인들의 심리 속에 영향력의 탑을 쌓이면서 견고한 리더십이 탄생하게 된다.

영향력 있는 리더의 조건 중 하나는 먼저 모범을 보이는 것이다. 언제나 리더가 먼저 변하고 행동해야 조직이 변한다. 조직이 리더보다 먼저 변하게 되면 그 리더는 아무런 영향력을 행사할 수 없을 뿐 아니라 더 이상 리더라고 부를 수 없다. 책상에만 앉아 비전이니 전략이니 하며 뜬구름 잡는 이야기만 나열하는 등 숫자놀음에 빠진 리더는 아무런 영향력을 발휘하지 못한다.

캔자스주립대학교Kansas State University의 교수팀은 플랭크Plank라는 복부운동에 연관된 재미있는 실험을 진행했다. 실험 참가자들은 처음에는 혼자 운동하다가 나중에는 플랭크 전문가와 함께했다. 한 그룹에서 전문가는 아무 말도 하지 않고 실험 참가자와 함께 그저 플랭크만 했다. 나머지 또 한 그룹에서는 전문가가 "잘했습니다.", "할 수 있습니다.", "좀 더 해보세요." 등의 말로 참가자를 격려했다. 전자와 후자 중 어느 그룹의 참석자가 플랭크를 더 잘할 수 있었을까?

예상 밖에도 전문가가 침묵을 지킨 전자의 그룹에서 실험 참가자들의 성적이 더욱 향상됐다. 전자의 경우 혼자 할 때보다 33%의 성적이 향상된 반면, 후자 그룹은 22% 좋아졌을 뿐이었다. 이 실험은 기업조직에 묘한 시사점을 던진다. 상사나 리더의 직접적인 격려가 의외로 큰 효과를 발휘하지 못한다는 것이다. 오히려 침묵하며 함께 행동으로 보여주는 것이 더 큰 영향력을 미칠 수 있다는 것이다.

캠벨Campbell Soup Company의 전 CEO였던 더글러스 코넌트

Douglas Conant는 일찍이 "예를 보여줌으로써 이끄는 것이 중요하다."라고 말한 바 있다. 알버트 슈바이처Albert Schweitzer는 "모범을 보이는 것은 다른 사람에게 영향력을 미치는 가장 좋은 방법이 아니다. 유일한 방법이다."라고 얘기했다. 리더가 모범을 세우는 것의 중요성을 강조한 말들이다. 영향력은 입술에서 나오지 않는다. 편안함을 희생하여 행동으로 보여주는 것에서 영향력이 시작된다.

단기성과가 아닌
장기전략에 집중하라

GM의 전 CEO 리차드 왜고너Richard Wagoner는 2005년 미국 자동차 시장의 유례없는 호황기에 11억 달러 손실을 기록했다. 하이브리드 자동차라는 새로운 트렌드 시장변화에 관심을 두지 않고 당장의 유익을 위해 근시안적인 결정을 내린 후과였다. 그는 경영환경의 변화에 주목하지 않은 채 개발투자에 소홀했고 대형 픽업트럭과 스포츠 유틸리티 차량 판매에만 몰두했다. 당장의 외형적 성장과 실적에만 급급한 나머지 조직의 미래를 생각하지 못한 것이다.

그의 근시안적 판단은 실적부진으로 나타났고 이어 회계문제로까지 이어졌다. 그는 경영진들의 신뢰를 잃게 되었으며 미국 경제를 위태롭게 했다는 국민적 지탄까지 받게 되었다.

실리콘밸리 팔로알토Palo Alto에 미래연구소Institute for the Future를 설립한 로이 아마라Roy Amara는 파괴적 신기술이 사람들의 기대와 달리 초기 단계에서는 제한적 오류와 시행착오 등을 겪어 그 효과가 대단치 않아 보이지만 장기적으로는 엄청난 변화를 이끈다는 '아마라의 법칙Amara's law'을 주창했다. 그의 이론은 비단 기술적인 영역에서뿐 아니라 우리 일상에서 단기효과를 과대평가하고 장기효과를 과소평가하는 경향에 관해 설명하고 있다.

리더의 착각, 경영은 단거리 달리기가 아니다

리더들이 흔히 오해하는 것 중 하나가 경영이라는 여성을 단거리 달리기의 전력질주로 오판하는 일이다. 이런 리더들은 뭔가가 제대로 돌아가지 않으면 최대한 빨리 고치고 싶어 하고 항상 빠른 성과를 기대한다. 그러하기에 뜻하는 대로 성과가 나타나지 않으면 안절부절못하게 된다. 이들은 손만 대면 전등에 불이 들어오듯 빠른 문제해결을 통해 단기간의 성과를 내겠다는 욕망에서 쉽게 벗어나지 못한다.

이처럼 리더들이 단기적인 사고와 행동에 빠지는 이유는 무엇일까? 가장 큰 이유 중 하나로 조직이 리더에게 거는 기대감으로 인한 부담감을 들 수 있다. 리더들은 항상 실적에 대한 스트레스를 받으며 긴장 상태에 놓인 채로 생활하기 마련이다. 공개기업은 매 분기마다 성과를 분석하고 평가한다. 비공개기업에서도 수년 내 기업을 매각할 수 있을 만큼 키워야 한다는 압박이 작용한다. 리더들은 늘 다음 분기의 실적을 걱정해야 하고, 자금을 조달해야 하며, 수익을 내는 프로젝트를 수주하기 위해 분주하게 뛰어야 한다. 장기적인 해결책과 미래전략이 필요하다는 걸 잘 알고 있지만 단기적인 사고에 휩싸여 거기서 벗어나기 어렵다.

대다수 리더들이 장기적 시각으로 행동하기 어려운 것은 단기적 전략을 세우고 그에 맞는 성과를 내는 데 집중할 수밖에 없기 때문이다. 이들은 가치 있는 것을 성취하는 데 필요한 시간을 부여받지 못한 채 늘 교체를 걱정해야 한다. 이들이 해결해야 하는 문제의 규모를 생각해 보면 당연히 시간이 부족할 수밖에 없다. 이런 식으로 결국 장기적인 생각을 포기하는 방향으로 사고가 길들여지게 된다.

결코 쉽지 않은 일이지만 어려운 경영환경임에도 단기이익과 미래전략을 균형 있게 잡을 줄 아는 리더를 사람들은 진정한 리더로 인정한다. 기업이 생존이 걸린 단기적인 이익도 필수적이지만 장기적인 기업성장의 근간이 되는 인력발굴, 기술개발, 기업브랜드 창출, 기업이미지 제고 등을 간과할 수는 없는 일이다.

빠른 성취가 나쁜 것은 아니지만 단기적 보상을 선호해 장기적인 목표와 기회를 간과한다면 그 결과는 결코 긍정적이지 않다. 가치 있는 목표를 달성하고 전략이 뿌리를 내려 싹을 틔우고 꽃을 피우기 위해서는 많은 시간이 필요하다. 리더에게 주어진 무거운 임무는 단기적 이익확보와 함께 미래전략을 균형감 있게 세우는 일이다.

목표가 무르익을 때까지 인내심을 가져야

지속적으로 성장하는 기업들은 단기적인 처방이 아니라 장기적인 성장동력에 집중한다. 3M의 새로운 CEO 조지 버클리George Buckley는 제약 부분을 매각하고 연구개발비를 확보해 장래산업에 투자하는 전략을 채택했다. 도브 비누로 유명한 유니레버Unilever의 CEO 파올 폴만Paul Polman은 이사회에서 분기실적 발표를 하지 않고 장기경영으로 끌고 가겠다고 선언했다. 주주들의 눈치를 보는 경영이 아니라 장기적인 성장을 위해 소신껏 미래경영을 추구하겠다는 선언이었다. CVS 헬스CVS Health의 CEO 래리 멀로Larry Merlo는 담배의 판매중단을 단행했다. 헬스케어 부문에 집중하는 기업으로 변모하기 위한 장기전략의 일환으로 연 2조 매출을 과감하게 포기한 것이다.

최근 맥킨지 글로벌 인스티튜트McKinsey Global Institute의 중견 및 대기업 600곳 이상의 데이터 조사결과에 따르면, 2001년부터 2014년까지 장기적 기업이 비장기적 기업보다 평균 47% 높은 매출성장률을 보였다. 이익과 시가총액도 더 빨리 증가했다. 매킨지 리서치팀은 "비록 금융위기 때 장기적 기업의 주가가 더 큰 타격을 받았지만 회복도 더 빨랐다."라는 설명을 곁들였다. 더 광범위한 경제적 관점에서 보면, 장기적 기업이 같은 기간 더 많은 일자리를 창출하기도 했다. 장기지향적 기업에서 더 나은 재무성과가 나온 것이다.

이 시대가 필요한 리더는 자신의 단기적 유익을 희생하고 장기적 안목으로 조직의 유익을 생각하는 리더다. 빠른 결정과 행동이 시급할 때도 있지만 일반적으로 더 중요한 건 장기적 비전과 지속적인 실행이다. 조직이든 개인의 삶이든 목표가 무르익을 때까지 정상적인 발달과정을 기꺼이 인내심 있게 기다려야 한다. 그렇다면 어느 정도 시간이 걸리는가? 한 가지 명확한 것은 우리가 원하는 것보다는 더 많은 시간이 걸린다는 것이다.

가치를 녹여낸 과정에 집중하라

'모로 가도 서울만 가면 된다.'는 식의 결과 중심의 리더십은 장기적으로 조직에 독이 될 가능성이 높다. 이런 조직은 과업지향적인 사업추진에 매몰되어 목표를 위해 수단과 방법을 가리지 않게 된다. 그런 이유로 조직 내 윤리적 과실이 발생할 가능성이 높아진다. 또한 생산성과 실적으로만 평가하는 문화가 뿌리내림으로써 조직 결속력 저하가 염려된다. 수익을 증가시키기 위해 일관성 없는 모습을 보이며, 목표도달을 위해 원칙을 수정하는 것도 불사하는 일들이 빈번하게 일어난다. 결과에 지나치게 연연해 남의 이목을 속이는 일들이 벌어지고 업무과정의 원칙을 무시하는 행동들이 범람해지면 결국 그 조직은 돌이킬 수 없을 상황과 마주하게 된다.

　스타트업의 유니콘으로 불리며 승승장구하던 우버Uber의 사례를 살펴보자. 우버의 창업자이자 전 CEO였던 트래비스 칼라닉Travis Kalanick은 CEO가 된 지 4년 만에 우버를 전 세계 100개 이상 도시로 진출시키고 우버의 기업가치를 700억 달러 가까이로 늘리는 등의 폭발적인 성장을 이뤄냈다. 하지만 그 과정에서 목표에 눈이 멀어 수단과 방법을 가리지 않았다. 그는 공인받지 않은 지역에서 사업을 할 때 경찰관 이목을 피하기 위한 그레이볼Greyball이라는 불법 프로그램 운영을 지시했다. 또한 직원들을 시켜 소비자들이 경쟁사인 리프트Lyft와 게트Gett 제품을 제대로 이용할 수 없도록 방해공작을 펼쳤다.

훌륭한 리더는 결과에만 집중하지 않는다

　우버의 판매전략은 악랄한 사기행각에 가까웠고 치졸한 방법이었다. 차량을 호출한 후 이를 취소하는 작업을 반복적으로 진행하는 등의 방식으로 소비자들이 경쟁사 서비스를 제대로 이용할 수 없도록 했다. 또 우버 직원들을 조직적으로 동원해 손님으로 가장해 경쟁사인 리프트나 게트 차량에 탄 후 운전자들이 우버로 옮기도록 설득하는 작업을 벌였다.

　성장에만 몰입한 우버는 준법감시 부서와 인사팀의 권한까지 최소화시켰다. 하지만 꼬리가 길면 잡히는 법. 칼라닉의 도를 넘어선 이 같은 행동과 편법행위는 결국 만천하에 알려지게 되었다. 기업윤리를 망각한 채 성과에 집착한 추한 모습이 드러나면서 기업 존망을 위협하는 치명적인 위기로 귀결되었다. 불법기술 유출, 성추행, 개인정보 유출 등 수많은 스캔들에 휩싸여 칼라닉은 CEO 자리에서 물러났고, 기업 이미지는 돌이킬 수 없을 정도로 추락하고 말았다.

탁월한 리더는 결과에만 집중하지 않는다. 통찰력을 가지고 성장의 과정과 조직의 미래를 생각한다. 이들은 더 큰 가치 창출을 위해 눈앞에 보이는 달콤한 유혹을 참는 지혜가 있다.

아마존의 창립자 제프 베조스Jeff Bezos는 이런 말을 했다. "우린 180억 달러를 벌지만, 이를 재투자해 2,000억 달러 이상의 가치를 창출한다."

미국 벤처 캐피털 기업인 소셜캐피털Social Capital의 설립자인 샤마스 팔리하피티야Chamath Palihapitiya는 뉴욕의 손 투자 컨퍼런스Sohn Investment Conference에서 "아마존은 3조 달러 밸류를 지닌 회사가 될 것이다."라고 얘기하면서 투자자가 아마존의 세전 영업이익EBIT만 보고 이익이 없는 것으로 계산해서는 안 된다고 강조한 바 있다. 즉 눈앞의 숫자에 연연해하지 않고 더 큰 가치창출을 위해 준비하는 비즈니스 과정에 눈을 돌리라는 얘기다.

과정에 집중하면 더 큰 이익이 따라올 것이라는 신념

긍정심리학의 창시자로 유명한 미국 심리학자 마틴 셀리그만 Martin E. P. Seligman은 성취, 쾌락, 긍정적인 인간관계, 의미, 몰입이라는 행복의 다섯 가지 조건을 말했다. 상대적으로 이전 세대는 성취와 쾌락을 중요시했다. 열심히 일해서 돈을 벌고 명예를 얻음으로써 성취를 느끼고 원하는 물건을 구매함으로써 쾌락을 느끼는 것이다.

하지만 요즘 세대는 다르다. 상대적으로 부족함이 없는 환경에서 자라난 요즘 세대들은 이전과는 다르게 성취나 쾌락에만 집중하지 않는다. 대신 이들은 긍정적인 인간관계, 의미, 몰입이라는 정신적 가치에 더 큰 의미를 둔다. 이들은 남들이 부러워하는 물건을 사는 것이 아니라 자신이 진심으로 좋아하는 물건을 산다. 기업의 비전과 생산자의 삶의 방식에 공감하고 이에 맞게 물건을 구매한다.

단순히 제품 자체를 바라보고 구매하는 것이 아니라 제품이나 서비스가 만들어지는 과정에 집중하는 것이다. 마트에서 물건을 고를 때 제품에 부착된 탄소배출량 인증마크를 꼼꼼히 살펴본다. 지구온난화로 인한 기후 변화를 걱정하기 때문이다. 불편하더라도 공정무역 사이트를 통해 원두커피를 구매한다. 개발도상국 노동자들에게 공정한 노동의 대가가 돌아가길 바라는 마음에서다. 가격은 조금 비싸지만 로컬푸드 매장을 자주 이용한다. 지역사회 판매자를 돕고자 하는 의도다. 이전과는 다르게 도덕적 가치 판단과 신념에 따라 상품을 구매하는 소비자들은 더 이상 제품의 결과만을 바라보지 않는다. 기업들이 이윤을 만들어내는 과정 자체에 보다 집중해야 하는 시기가 된 것이다.

결과가 아닌, 과정과 본질에 집중해 성공한 기업 파타고니아 Patagonia의 사례를 들어 보자. 1973년 창설한 아웃도어 브랜드인 파타고니아는 비즈니스가 단순히 이윤추구에 머물지 않고 환경에 대한 책임이라는 가치를 실현해야 한다는 철학을 가지고 있다. 파타고니아는 이런 조직의 비전에 따라 품질 좋은 제품을 만드는 데 그치지 않고 제품을 만드는 과정에서 어떻게 기업가치를 실현할 수 있을지를 고민했다. 그리하여 친환경 소재를 이용한 제품개발이 나섰다.

미국에서는 농약의 25%가 목화 재배를 위해 사용되며 이 과정에서 수많은 독성물질이 발생된다. 파타고니아는 이런 심각성을 인지한 후 직접 재배한 100% 유기농 목화만을 사용하기로 결정했다. 모든 면제품을 유기농 목화로 생산했기에 엄청난 재정난에 허덕이게 되었고 목화 재배를 위해 더 많은 노동력이 투입되었다. 그 외에 예측할 수 없는 위험요소도 발생했다. 그럼에도 불구하고 파타고니아는 과정에 집중하면 더 큰 이익이 따라올 것이라는 신념으로 사업추진에 매진했고, 오늘날의 성공으로 그 믿음을 증명해냈다.

파타고니아는 여기서 그치지 않고 친환경 신소재 개발에 착수했다. 후리스 제품에 들어가는 석유로 인해 유해 배출물이 나오는 것을 우려한 파타고니아는 연구 끝에 100% 페트병 재활용을 통해 친칠라 원사를 개발하는 데 성공한다. 그렇게 탄생한 파타고니아의 '레트로 X 재킷'은 품질대란을 일으킬 정도로 인기를 얻었고 여전히 스테디셀러로 명성을 이어가고 있다. 파타고니아는 2011년 이후 매년 40% 이상의 꾸준한 성장세를 이어가며 미국을 대표하는 3대 아웃도어 브랜드로서의 위상을 떨치고 있다. 코로나가 지속되는 현 시점에서도 마찬가지다. 생산의 모든 과정 속에 기업의 가치를 녹여내 가치소비를 중시하는 MZ세대 마음을 사로잡은 것이 성공요인이었다.

맹자는 적어도 한 조직의 리더라면 결과에 앞서 의義를 먼저 이야기해야 한다고 선의후리先義後利 철학을 말한 바 있다. 탁월한 리더는 바로 눈앞의 결과에 흔들리지 않는 강한 정신력인 부동심不動心을 가진 인물이다.

현장 직원의 판단을 존중하라

　김훈 작가의 소설 『칼의 노래』에 임진왜란 당시 일본 수군의 본거지인 부산 앞바다로 진격해 왜장 가등청정加藤淸正 부대 등을 공격하라는 명령을 받은 이순신 장군이 권율 도원수에게 "현장 지휘관의 판단을 존중해 주십시오."라는 서신을 보내는 장면이 나온다. 이순신 장군은 조정의 부산 공격 명령을 받아들일 수 없었다. 연전연승을 구가하며 일본 수군을 궁지에 몰아붙이고 있던 조선 수군의 부산 공격이 위험천만한 작전이었기 때문이다. 그동안의 조선 수군이 일군 성과를 한꺼번에 날리며 궤멸할 수도 있는 작전임을 간파한 이순신은 고심 끝에 조정의 명령을 따르지 않았다. 이로 인해 훗날 이순신은 한양으로 압송되어 생사기로에 놓이게 된다. 안타깝게도 조선의 역사는 현장 지휘관의 판단을 중시해 달라는 이순신 장군의 의견을 수용하지 않았고 이후 칠천량 해전에서의 참담한 패배로 이어지게 되었다. 또 조선의 군주 선조는 역모죄를 물어 그를 죽이려 했다.

권한이 없는 직원은 매뉴얼대로만 업무를 수행한다

현대의 경영환경 변화속도는 상상을 초월한다. 그런 이유로 조직 구성원이 상사의 승인 없이 자신의 지식, 역량, 전문성을 바탕으로 직접 일을 처리하는 게 주요현안으로 대두된다. 현장 판단을 통해 신속한 의사결정으로 시급한 문제를 처리하고, 시시각각 끊임없이 변하는 고객요구에 적절하고도 발 빠른 대응으로 고객만족을 극대화하기 위해서다. 현장에서의 판단과 신속 대응이 경영에 있어 그 중요도가 높아지고 있지만, 실제로 많은 조직에서 제대로 반영되고 있지는 않다.

리더의 권한위임이 전제되어야 하기 때문이다. 보통 리더는 자신의 권한을 내려놓으려 하지 않는다. 그 이유는 리더가 권한을 내려놓을 때 맞닥뜨리는 두려움 같은 것과 관련이 있다. 통제력 상실에 대한 두려움, 상사로부터 인정받지 못할 것에 대한 두려움, 업무에서 물러나는 것에 대한 두려움 등이다. 이 같은 리더십이 적용되는 조직은 권한위임이 아닌 업무위임만 일어나게 된다.

하버드대학 심리학 교수이자 베스트셀러 『마음 챙김』의 저자 앨렌 랭어 Ellen Langer 교수의 일화를 살펴보자. 한 마트의 점원이 랭어 교수가 깜빡 잊고 새 신용카드에 서명하지 않은 것을 보고, 물건을 계산하기 전에 카드에 서명을 해달라고 요청했다. 랭어 교수는 요청에 따라 점원 눈앞에서 신용카드에 서명을 했다. 점원은 물건을 다 계산하고 나서, 카드 매출전표를 건네주며 또 서명을 요청했다. 이에 랭어 교수는 그의 말에 따라 빠르게 서명했다.

문제는 그 이후에 발생했다. 점원이 랭어 교수를 멈춰 세우고 다시 카드를 달라고 요청한 것이다. 카드의 서명과 전표의 서명이 일치하는지 확인해야 한다는 이유에서였다. 이에 랭어 교수는 카드를 내밀고 얼떨떨하게 그것을 지켜보았다. 점원은 신용카드와 전표를 나란히 놓고 랭어 박사가 방금 서명한 곳을 살펴 서명이 같은지 확인했다. 절차와 목적이 전도된 셈이다. 서명을 확인하는 목적은 물건을 사는 사람이 신용카드의 진짜 주인인지 확인하는 것인데, 이 경우에는 두 사람이 같은 사람이라는 게 이미 확인되었으니 말이다.

사실 랭어 교수의 일화와 유사한 일은 경영 일선에서도 비일비재하게 일어난다. 통제력 상실을 두려워하는 리더는 권력을 손에 쥐고 현장 목소리에 귀를 기울이지 않는다. 아무런 권한이 없는 직원들은 표준업무 지침에 따라 행동하며, 현장 대응의 능동성을 간과한 채 가장 안전한 방식으로만 업무를 수행하려 한다.

위임은 권력배분이 아니라 권한의 확장이다

외식업의 80%가 5년을 못 버틴다고 하는 중국 시장에서 테이블 4개로 시작해 중국 전역은 물론 아시아와 미국에까지 진출해 위세를 떨치는 기업이 있다. 바로 훠궈(중국식 샤브샤브)로 시작한 레스토랑 체인 하이디라오HaiDiLao Hotpot다. 다른 프랜차이즈 기업들이 너도나도 나서서 하이디라오를 모방했지만 하이디라오의 성공까지 모방할 수는 없었다. 하이디라오 내면에 감춰진 성공요인을 볼 수 없었기 때문이다.

하이디라오의 성공비결 중의 핵심으로 권한위임과 현장판단을 존중하는 조직문화를 꼽는다. 하이디라오는 현장 직원에게 서비스 현장에 필요하다고 판단되는 대부분의 결정을 할 수 있도록 권한을 위임했다. 고객에게 무료로 음식을 제공할 수 있으며 결제할 모든 액수를 면제해 줄 권한마저 부여했다. 직원에게 좋은 서비스를 제공할 권한을 더 많이 줌으로써 고객의 만족도를 대폭 높일 수 있게 된 것이다.

희생의 리더는 자신의 권한을 포기하는 리더다. 대신 신뢰를 바탕으로 권한과 책임을 위임한다. 그리하여 조직원 스스로가 현장에서 우선순위를 결정하고 이슈에 대한 목표와 전략을 수립해 실행에 옮기게 한다. 희생의 리더는 위임이 권력배분이 아니라 권한의 확장임을 알고 있다. 그들은 자신의 권한을 양보하고 포기함으로써 조직원들이 더 단단한 리더로 성장할 수 있도록 지지하고 격려한다. 또한 믿음보다 더 큰 동기부여는 없다는 사실을 인지하고 조직원들의 권한을 세워주는 일에 관용적 자세를 보인다.

조직 구성원을 믿고
권한을 위임하라

    넬슨 만델라가 태어나기 6년 전인 1912년에 아프리카민족회의가 설립됐다. 이 단체의 목표는 민주적인 남아프리카공화국을 실현하고 백인 소수자 통치에 맞서 아프리카 사람들을 단결시키는 것이었다. 10명의 지도자가 만델라 이전에 ANC를 이끌었지만 만델라만큼 ANC 조직을 단합시키고 영향력을 행사한 리더는 존재하지 않았다. 만델라가 이전의 전임자들과 다른 점은 무엇일까?

    한 마디로 헌신하고 희생하는 삶을 살았기 때문이다. 그는 인종분리정책인 아파르트헤이트 통치에서 남아프리카공화국을 해방시키기 위해 27년의 삶을 포기했다. 흑인차별 철폐운동을 펼치다 종신형을 선고받은 것이다. 그는 38세에 투옥되어 65살에 석방되기까지 대부분의 삶을 교도소에서 지내야 했다. 그는 1990년 조건부 석방을 제안받았지만 거절했다. 그는 자기희생을 통해 자신의 신념과 가치를 세상에 전달했고 300년 동안 지속된 인종차별을 종식시킬 수 있었다.

모든 면에서 경쟁우위에 있었던 항우의 치명적인 실책

넬슨 만델라는 남아프리카공화국 대통령으로 선출되었을 때도 단 한 번의 임기만을 선택했다. 그는 가능한 한 오랫동안 권력을 유지하려고 하는 다른 정치가들과 달랐다. 그는 아파르트헤이트 이후의 남아공이 성공하기 위해서는 더 빨리 자신의 권위를 이전하는 것이 최선이라고 생각했기에 기꺼이 자신의 권한을 내려놓았다.

많은 조직의 리더들은 능력을 갖춘 적임자에게 자신의 권한을 위임하기보다는 조직에 대한 자신의 영향력과 권력을 유지하기 위해 노력한다. 독자적으로 의사결정을 하고 모든 권한을 손에 쥐고 자신의 영향력을 과시하려고 한다. 전문적 지식을 갖춘 사람이 주요사안을 결정하는 것이 아니라 조직 내 권력자가 모든 것을 결정하려는 이유도 이와 같다. 리더들이 가장 포기하기 힘들어하는 것 중 하나가 바로 위임이다. 안타깝게도 너무나 많은 리더들이 자신의 권위를 쌓아 두며, 진짜 리더가 되기보다 권한이 있는 위치에 머물러 있기를 원한다. 이들은 조직과 조직원의 발전이 아니라 자신의 권력을 축적하는 것을 목표로 한다.

위대한 리더는 권한 일부를 희생해 신뢰하는 사람들에게 분배한다. 권한을 가진 조직 구성원이 많을수록 조직이 더욱 역동적으로 발전한다는 것을 잘 알고 있다. 권한의 위임이나 희생은 계획에 대한 자유로운 수정을 통해 시장 변화의 능동적 대응을 용이하게 한다. 또한 다양한 아이디어를 수용함으로써 신규 비즈니스 기회를 창출한다. 그럼으로써 리더는 보다 더 상위의 현안에 집중할 수 있으며, 조직원들은 자신의 재능과 능력을 최대한 발휘해 조직에 성과를 가져온다.

초한지에 나오는 유방을 살펴보자. 그는 천하를 손에 넣고 싶은 야욕이 있었다. 그는 라이벌 항우보다 자신이 우월하지 않음을 명백히 알고 있었다. 항우는 사회 하층신분인 유방과는 달리 귀족 출신이었다. 그가 이끄는 군대는 강동지역의 귀족 자제들로 구성된 그야말로 엘리트 집단이었다. 군사의 양과 질에서 절대적 우위를 점하고 있었다. 유방은 자신의 권한을 부하들에게 나눠주었다. 유방은 부하가 하는 말을 주의 깊게 경청했으며 그들의 특성을 면밀하게 파악해 적재적소에 배치했다. 권한위임을 통해 책임감과 주인의식을 심어주는 데 심혈을 기울였던 것이다.

항우에게도 탁월한 책사인 범증이 있었지만 항우는 자신의 판단을 우선시했다. 유방은 3명의 뛰어난 신하에게 과감하게 권한을 위임했지만 항우는 단 한 명의 인재에게도 권한을 넘기지 않았다. 그 결과는 초한의 역사가 말해준다.

자신의 권한을 희생하는 것은 업무에 대한 자신의 공식적인 권한을 조직원에게 위임하는 것을 의미한다. 탁월한 리더는 프로젝트의 성공을 위해 자신보다 유능한 직원에게 리더의 자리를 위임하고 중요한 의사결정 과정에 현장 전문가를 포함시킨다. 조직원들을 발전시키고 이들이 더 높은 위치에 도달시키기 위해 자신의 권한을 희생하는 것이다. 권한위임에서 중요한 것은 업무를 맡기는 것뿐만 아니라 의사결정을 내릴 권한 자체를 위임해야 한다는 점이다. 따라서 리더는 조직원에게 권한을 부여하기 전에 올바른 결정을 내릴 수 있을 정도로 업무에 숙련되고 지식이 있는지를 먼저 확인해야 한다.

리더 혼자서는 좋은 기업을 위대한 기업으로 만들 수 없다

존 맥스웰은 『어떻게 360도 리더가 되는가』에서 "권한부여란 각자가 알아서 처리해도 좋은 한계를 규정하고 한계 내에서 자유를 주는 것이다."라고 정의했다. 리더가 권한을 포기하기 위해서는 조직원들에 대한 신뢰가 절대적으로 뒷받침되어야 한다. 리더가 조직 구성원을 굳게 믿고 신뢰해야만 온전한 권한위임이

가능하다.

　불신하는 리더는 조직원들에 대한 신뢰가 없기에 자신의 일을 다른 사람들과 공유하거나 위임하는 데 인색하다. 나 이외의 사람을 믿지 못하기에 인재양성의 중요성을 놓치는 경우 또한 비일비재하다. 나 아니면 안 된다는 생각이 지배적이다 보니 리더인 자신만큼 일하지 않는 조직원들에 대해 불만도 많아진다. 모든 일을 직접 처리해야 마음이 놓이는 리더는 항상 시간에 쫓기고 많은 노력에도 성과를 내지 못하게 된다.

　조직이 커지고 성장할수록 리더의 권한도 커진다. 이때 리더는 자신의 권한을 더욱 위임함으로써 조직이 더 큰 도약을 할 수 있도록 과감하게 권한을 희생해야 한다. 짐 콜린스는 "리더 혼자서는 좋은 기업을 위대한 기업으로 만들 수는 없지만, 회사를 망하게 하는 데는 어떤 리더라도 혼자면 충분하다."라고 얘기한다.

7

리더가 기꺼이 희생해야 하는 것들

| 욕구편 |

리더의 사적 이익을
포기하라

코로나19 팬데믹 장기화에 따른 위기극복 일환으로 급여를 반납하는 등 리더의 자기희생적 행보들이 뉴스망을 타고 전 세계에 알려지고 있다. NBC유니버셜NBCUniversal, 우버Uber, 델타Delta, 옐프Yelp 등 많은 기업의 CEO들이 그 대열에 앞장섰고, 뉴질랜드 국무총리인 저신다 아던Jacinda Arden 같은 세계 정상들도 자신의 연봉을 포기하거나 자진 삭감했다. 메리어트 인터내셔널 Marriott International CEO 아르네 소렌슨Arne Sorenson은 자신의 한 해 연봉을 반납했을 뿐 아니라 메리어트 호텔 객실을 코로나19 일선에서 싸우는 관계자들이 사용하도록 했다.

주변 사람들을 보호하고 그들의 행복을 보장하는 게 리더의 의무다. 리더는 자기 이익을 희생한다. 진정한 리더십은 자신의 유익이 아닌 다른 것에 초점을 둔다. 리더는 자신의 유익을 희생하더라도 다른 사람들이 성공하도록 돕기 위해 투자한다. 리더는 조직원의 요구를 자신보다 우선시하며 때로는 조직뿐 아니라 조직 구성원의 성장과 그들의 유익을 위해 자신을 희생한다.

어려움이 많은 불안정한 시기에도 마찬가지다. 회사가 일시적인 재정 불안정으로 고통받고 있다면 리더로서 자신의 상여금을 포기하고, 필요한 경우 급여를 삭감하면서 모범을 보인다. 훌륭한 리더는 직원들에게 스스로 하고 싶지 않은 것을 요구하지 않는다.

자기중심적 리더는 통제력과 권력을 갖고 있으며 자기보호를 위해 불미스러운 행동을 마다하지 않는다. 반면 훌륭한 리더는 자신을 내려놓고 조직과 구성원들을 보호한다. 현명한 리더들은 자신의 권력과 통제권을 포기하고 조직 구성원들의 이익을 증진시킬수록 더 많은 성공과 선의가 자신의 길로 돌아온다는 것을 알고 있다.

우리는 흔히 드라마나 영화에서 전망 좋고 으리으리한 장식품과 가구들로 채워진 대표이사나 임원들의 사무실을 보게 된다. 그런데 온라인 부동산 검색 및 컨시어지 서비스를 제공하는 미국 스퀘어풋SquareFoot의 CEO 조나단 와서스트럼Jonathan Wasserstrum은 고위 경영진들의 특권인 안락한 개인 사무실을 포기한 인물이다. 그는 별도의 대표이사실 없이 직원들과 동일한 책상에서 함께 일한다. 더욱 놀라운 것은 그의 자리가 45명의 직원으로 구성된 팀의 중앙에 자리 잡고 있다는 것이다.

그는 자신의 특권을 포기함으로써 조직에 더 큰 유익과 성과를 가져올 수 있다고 말한다. 직원들은 사무실 문지방을 넘거나 대표를 만나기 위해 사전약속을 할 필요가 없다. 열린 공간에서 쉽게 리더에게 접근할 수 있기 때문이다. 이런 조직원 간의 상호작용은 자연스럽게 일상적인 대화를 이끌어내고 아이디어 공유를 촉진하기 마련이다. 와서스트럼은 직원들 사이에 앉아 현장 직원이 회사를 홍보하는 방법, 고객이 묻는 질문, 직원들의 반응 등 실제 비즈니스 환경에서 무슨 일이 일어나고 있는지를 들으며 정확한 의사결정을 할 수 있었다. 자신의 편안함을 희생함으로써 조직에 더 큰 유익을 가져온 전형적인 사례다.

최근 힘겹게 직원 급여지급을 마무리하고 재정 어려움 때문에 자신의 집을 팔았다는 스타트업 대표를 만났다. 심각한 자금흐름의 어려움으로 인한 어쩔 수 없는 선택이었다. 대표로서 감당해야 했던 큰 희생이었다. 하지만 그는 담담했다. 책임감을 인식하고 있었고 자신의 비즈니스와 조직원들을 위해 모든 것을 포기했다. 다행히도 그는 위기상황에서 벗어났으며 현재는 날로 번창해지고 있다.

비즈니스 세계에서 창립자들은 비즈니스를 구축하고 생존을 유지하기 위해 때로는 큰 희생을 감수한다. 리더가 위기상황에서 자신의 이익을 포기하면 조직원들은 이를 통해 영감과 감동을 받고 조직과 함께하겠다는 강한 의지를 보여주게 된다. 이는 리더가 가진 지위를 넘어서 조직원들에게 지속적인 추종을 불러일으키는 중요요인이다.

인정받고 싶은 욕구에
연연하지 말라

진시황에 이어 두 번째로 중원의 천하통일을 이뤄낸 한나라 유방이 서초패왕西楚霸王 항우를 물리친 뒤 연회를 베풀었다. 그는 연회 자리에서 신하들에게 자신이 항우에게 승리할 수 있었던 이유에 대해 이렇게 설명했다. "나는 초왕 항우와 비교해 나은 것이 아무것도 없다. 그러나 나에게는 전쟁을 승리로 이끄는 한신韓信이란 장군이 있고, 지혜와 책략으로 나에게 조언을 하고 작전을 세우는 정책 전문가 장량張良이 있으며, 후방의 민심을 안정시키고 적시에 보급물자를 조달하는 소하蕭荷 같은 내정 전문가가 있다. 이것이 내가 천하를 손에 넣은 이유다."

그런데 한고조 유방이 언급한 개국 일등공신 세 사람의 이후 행보가 극명하게 나뉜다. 탁월한 책사였던 장량은 주군과 어려움은 함께하더라도 즐거움은 나눌 수 없다면서 한나라 패업 달성 후 은거생활을 택한다. 그는 자신의 공功을 주장하지 않고 모든 자리를 사양하고서는 낙향해 천수를 누렸다. 소하 역시 자신의 뛰어난 능력을 경계하고 의심하는 최고 권력자 유방의 압박을 뛰어난 계책과 신중한 처세로 대응함으로써 큰 화를 모면한다. 그는 신하로서는 최고의 자리인 상국을 역임하면서 평온한 노후를 보내게 된다.

자신의 공을 내세웠던 대장군 한신의 비극적 최후

반면 한신의 최후는 비참하다. 그는 자신의 영향력을 경계하는 유방과 황후 여치(여후) 앞에서 소하와 같은 유연한 대응을 하지 못한 채 공을 내세우다 계략에 빠져 결국 비극적 결말을 맡게 된다. 한신이 잡혀가면서 "사냥개로 토끼를 잡고 나면 토끼를 잡은 사냥개도 삶아 먹는구나."라고 했던 토사구팽兎死狗烹은 권력의 비정함을 일깨우는 유명한 고사성어가 되었다.

> 동료에게 공을 돌리는 사람이 빨리 성공한다. 함께 일한 사람들에게 공을 돌리는 신뢰, 충성심, 재미, 열정을 빨리 얻는다. 리더는 어떤 공도 필요치 않다. 이미 필요 이상으로 공을 인정받고 있기 때문이다.

미국의 리더십 전문가 로버트 타운센드Robert Townsend의 말이다. 전통적 리더들은 자신이 스포트라이트를 받고 팀의 성공에 대한 공로를 자신이 받기를 원한다. 그들은 좋은 일이 생기면 리더 때문이고 나쁜 일이 생기면 팀이 엉망이 되어 책임을 져야 한다고 생각한다. 반대로 희생의 리더는 성공을 경험할 때 팀에게 스포트라이트를 비추고 팀이 실패하면 개인이 책임을 진다. 비난은 겸허히 받아들이고 공로는 조직원에게 돌리는 것이다.

영원한 승자로 남는 방법

리더가 조직원을 위해 칭찬과 인정 그리고 공로를 포기한다는 것은 쉬운 일이 아니다. 이는 정신적 성숙이 요구된다. 리더십 컨설턴트 후웨이훙湖危紅은 자신의 저서 『노자처럼 이끌고 공자처럼 행하라老子無 爲領導 孔子有 爲管理』에서 이런 말을 한다. "리더가 반드시 기억해야 할 원칙이 있다. 스스로 공로를 세우려 하거나 금메달을 따려고 하지 말라는 것이다. 사실 구체적으로 보이는 공로는 작은 것에 지나지 않는다. 리더는 작은 공로에 연연하지 말고 금메달리스트를 기르고 단체 금메달을 따는 등 큰 공로를 세우는 데 주력해야 한다."

리더는 구성원들에게 심리적 울타리를 마련해주는 사람이다. 구성원 마음에 든든한 심리적 울타리가 만들어지는 원리는 단순하다. 부하들이 실수해서 책임질 일이 생길 경우 리더가 나서서 대신 책임을 지고, 반대로 리더가 칭찬받을 일이 있으면 그 공을 부하들에게 돌리면 된다. 부하들 마음에 심리적 울타리가 만들어지는 원리의 바탕에 리더의 자기희생이 녹아 있다는 의미다. 또 리더의 자기희생은 외부에서 이입되는 불확실성을 막아주는 방파제 역할을 한다.

노자는 공功을 이루었으면成 몸은身 뒤로 물러나야退 한다는 '공성신퇴'의 정신을 말하면서 물水의 정신을 본받아야 한다며 이렇게 말한다. "자연계의 물水이야말로 가장 아름다운 삶의 자세다. 물은 모든 만물을 이롭게 해주지만 남에게 그 공을 자랑하려 하지 않는다. 오히려 남들이 가장 싫어하는 낮은 곳으로 임하기에 물은 영원한 승자로 존재할 수 있는 것이다." 리더도 마찬가지다. 자신이 받을 공을 포기하고 조직과 조직원들을 세울 때 영원한 승자로 남을 것이다.

자존심을 희생하라

노자老子는 도덕경에서 이런 말을 했다.

강과 바다가 온갖 계곡물의 왕이 될 수 있는 까닭은 잘 낮추기 때문이다. 그러므로 온갖 계곡물의 왕이 될 수 있다. 이러하기 때문에 백성들 위에 서고 싶으면 반드시 자신을 낮추는 말을 써야 하고, 백성들 앞에 서고 싶으면 반드시 자신을 뒤로해야 한다.

노자는 강과 바다가 자신을 낮춤으로써 자기보다 훨씬 높은 곳에서 흘러오는 계곡물의 왕이 되어 다스린다고 했다. 리더십도 이런 자연의 원리와 같은 맥락에서 이해할 수 있다. 즉 리더는 자신을 낮추는 태도를 통해 조직을 이끌 수 있다는 의미다.

리더십은 조직에서 어떤 일이 잘못됐을 때 자신의 잘못이라고 인정하고 책임지는 것이 핵심이다. 하지만 많은 조직에서 리더십을 구축하는 데 큰 걸림돌로 작용하고 있는 게 있다. 바로 리더의 자존심이다. 자존심을 세우는 리더는 잘못을 인정하는 것이 리더의 권위를 떨어뜨리며 자신의 무능함을 드러내는 것이라 생각한다. 이 때문에 이들은 충고를 거부하고, 비판에 화를 내며, 타협의 여지를 남겨놓지 않는다.

자존심, 리더의 성장을 막는 가장 큰 장애물

그렇지만 리더가 자존심을 버리지 못하면 결국 그 조직은 위험에 봉착하게 된다. 계획을 수립하고, 조언을 받아들이며, 건설적인 비판을 수용하는 것이 불가능해지기 때문이다. 미국 리더십 연구가이자 『네이비씰 승리의 리더십Extreme Ownership』 저자로 유명한 조코 윌링크Jocko Willink는 리더의 자존심에 대해 이렇게 이야기한다. "어느 팀에서나 불협화음이 생기는 원인을 찾아보면 자존심으로 귀결될 때가 많다. 좋은 리더는 이런 자존심은 버리고 자신감을 살려야 한다."

리더가 자존심을 포기해야 하는 이유는 비단 조직의 성과 때문만은 아니다. 리더가 자존심을 세우기 시작하면 그 순간부터 리더로서의 성장은 멈추게 된다. 세계적인 경영 컨설턴트이자 기업 리더십 전문가 켄 블랜차드Kenneth Blanchard는 "리더의 성장을 막는 가장 큰 장애물은 인간의 자존심이다. 모든 것을 알고 있다고 생각하기 시작할 때 성장은 멈춘다. 리더에게 배움과 성장이 없다면 효율성이라는 측면에서 죽은 것과 다름없다."

자존심이 강한 리더는 자신을 개발하고 리더의 내실을 다지는 일보다는 자신의 행동에 지나치게 신경을 쓴다. 또 자신에 대한 다른 사람의 생각을 지나치게 의식하게 되어 불필요한 외형에 관심을 갖게 된다. 이는 중요한 본질을 놓치게 하며 체면을 살리기 위해 자신의 성장기회를 포기하는 쪽으로 몰고간다.

리더의 자존감을 진정으로 지키는 길

자존심을 희생한 리더는 겸손이라는 덕목을 얻게 된다. 겸손의 리더는 자신에게 주어진 책무를 소홀히하지 않으면서도 의사결정에 이르는 과정에서 다양한 의견을 존중하고 경청한다. 짐 콜린스는 리더십 최고의 단계를 겸양과 직업적 의지의 역설적인 결합이 구현된 상태라고 말한 바 있다. 그에 따르면, 이 단계에 도달한 리더는 더할 수 없는 겸손함을 보이고 나서기를 싫어한다. 그러면서 놀라운 정도의 부드러운 추진력으로 지속적인 결과물을 만들어낸다. 또 자존심으로 뭉친 외강내유外剛內柔 유형의 리더와 전혀 다른 외유내강外柔內剛 스타일로서 조직의 유익을 위해 자신의 자존심을 내려놓는다.

　리더의 지나친 자존심을 외적인 강함이나 카리스마로 생각하는 조직원은 없다. 오히려 리더의 진정성에 관심이 있으며 리더의 성품과 헌신 그리고 희생에 민감하게 반응을 한다. 자존심을 버리라는 말이 때로는 리더로서 비굴한 처세를 하라는 말로 들릴 수도 있으나 실상은 그렇지 않다. 강과 바다가 자신을 낮춰 계곡의 왕이 된 것처럼 자신을 최대한 낮추고 조직원을 배려하는 것이 진정으로 자신의 자존감을 지키는 길인 까닭이다.

진정한 권위가 세워지는
리더십의 역설

 리더는 권위를 희생해야 한다. 권위적인 리더가 되지 않도록 자신의 권위를 흔쾌히 포기한다는 의미다. 권위적인 것과 권위 있는 것은 전혀 다른 의미를 지닌다. 전자는 권위를 내세운다는 뜻이고 후자는 영향력이 있다는 뜻이다. 사람들은 권위적인 리더를 꺼리지만 권위 있는 리더를 따른다. 조직의 리더는 권위주의를 권위로 착각하는 경향이 있다. 리더의 권위는 영향력이며 조직 구성원들에 의해 세워지는 것이다. 내가 나를 높이는 순간 이것은 권위주의가 되며, 이럴 때 조직원들은 리더의 영향력 반경 밖으로 물러나게 된다.

 권위주의가 정상적인 리더십 실행으로 보일 수도 있겠지만 실상은 그렇지 않다. 권위를 부리는 리더는 명령을 중시한다. 또 일방적인 의사소통, 강제적 분위기, 물질적 보상과 처벌을 통해 조직을 지배하려 든다. 반면 권위 있는 리더는 자발적 상호작용, 쌍방향 의사소통, 신뢰와 안정의 분위기 형성을 중시한다. 그럼으로써 심리적 유대감을 강화하고 이를 통해 조직 구성원들의 자발적 추종을 불러일으킨다.

중국 최고의 태평성대를 연 강희제의 특별한 리더십

중국의 역대 황제 중에서 유일하게 천 년에 한 번 나옴 직한 제왕이란 뜻의 천고일제千古一帝 호칭을 얻은 청나라 강희제康熙帝 이야기를 해보자. 그의 리더십은 중국 지도자들이 가장 본받고 싶은 최고의 리더십으로 칭송받고 있으며, 현재까지 가장 완벽한 리더십의 표상으로 인정받고 있다. 강희제 역시 자신의 권위를 내려놓음으로써 강력한 영향력을 행사한 리더라 할 수 있다. 수많은 전쟁 끝에 중국 역사상 가장 넓은 영토를 통치한 강희제는 이른바 강희제, 옹정제雍正帝, 건륭제乾隆帝로 이어지는 133년간의 태평성대인 강건성세康乾盛世를 연 최고의 주역이다.

그는 어릴 때부터 한족 말을 익히기 시작했다. 지배층인 만주족과 피지배층인 한족의 통합이 국가 근간을 튼튼하게 하는 요체라 판단한 강희제는 한족의 전통문화와 관습을 존중하는 한편 유교문화와 한족의 전통 가치관을 수용했다. 그는 자신은 물론 황실과 귀족들에게 한족의 글자인 한자를 쓰도록 하고 관리들에게는 자신에게 보고하는 문서를 반드시 만주어와 한자 두 가지로 작성토록 하였다. 또한 일상에서도 만주어, 한자는 물론 몽골어, 티벳어까지 혼용하도록 허락했다.

그가 권위를 내려놓은 리더라는 것은 자신을 낮추고 겸손한 자세로 배움에 임했다는 것에서도 잘 알 수 있다. 강희제는 황제가 된 후 명나라의 마지막 과거 시험의 장원급제자인 제세濟世를 첫 번째 스승으로 임명해 틈틈이 제왕학을 배웠다. 그는 명나라 시절 무려 1만 명이 넘었던 환관과 궁녀를 정리해 400여 명으로 줄였다. 강희제 침전을 시중드는 내관도 10여 명에 불과했다. 그의 권위를 내려놓은 리더십으로 인해 극도의 혼란상을 겪고 있던 국가 기반이 안정감을 갖게 되었고, 청나라의 1백 년간 태평성세 기반을 마련하게 되었다. 중국 역사상 보기 드문, 풍요롭고 강성한 제국의 면모를 보이게 된 것 역시 강희제의 탁월한 통치능력 덕분이다. 중국 역사상 가장 오랜 기간인 61년 동안 천하를 통치할 수 있었던 힘도 거기서 비롯되었다 할 수 있다.

기업 사례로 돌아보자. 세계적인 제조회사인 캠벨수프의 전 CEO 더글러스 코넌트Douglas Conant 회장은 무너져가는 조직을 다시 전성기로 올려놓은 리더십으로 유명하다. 그 비밀 역시 권위를 내려놓는 리더십에서 찾을 수 있다. 그는 인터뷰를 통해 자신이 무너져가는 조직을 다시 일으켜 세운 유일한 방법이 직원들을 향해 친근하고 권위 없이 다가간 태도였다고 밝힌 바 있다.

그는 직원과 회장이라는 직급 간의 거리를 좁히기 위해 매일 직원들에게 다가가 안부를 묻거나 작은 칭찬을 전했다. 또한 우수한 실적을 낸 직원에게는 자필로 감사편지를 써 전달하는 성의를 보였다. 그는 직원들의 사기진작을 위해 백방의 노력을 기울였고 직원들의 애사심을 높이는 데 진력했다. 직원들에게 가까이 다가가기 위해 겸손하고 권위를 내려놓은 진심 어린 그의 소통의지는 조직 전체에 신뢰를 쌓게 했다. 그 결과는 괄목할 만한 성장으로 나타났다.

올바른 리더십을 갖춘 리더는 조직의 운명을 좌우하고 국가 차원에서는 나라의 흥망성쇠를 좌우한다. 리더의 권위는 존중과 존경에서 나오며 추종자들에 의해 세워지는 것이다. 외형적 권위를 버릴 때 진정한 권위가 세워지는 리더십의 역설을 기억할 필요가 있다.

높을수록 더욱 희생하라

경매에 참석해 보신 적이 있는가? 경매 현장에서는 정말 짜릿한 경험을 할 수 있다. 새로운 물건이 나오면 현장에 있는 사람들의 가슴이 두근거리게 된다. 물건이 공개되고 경매가 시작되면 서로 달려들어 경쟁하듯 경매에 참여하고 가격은 점점 올라간다. 그리고 마지막에는 어떻게 될까? 경매 참가자 수가 점점 줄어든다. 물건 가격이 낮을 때는 많은 사람들이 참가하지만 가격이 높아지면 하나둘씩 떨어져 나간다. 시간이 흐를수록 그리고 가격이 높을수록 참여할 수 있는 사람의 수가 적다는 것을 눈치챘을 것이다.

이는 유능한 사람이 없어서가 아니다. 대가를 지불할 사람이 충분하지 않기 때문이다. 결국 마지막에는 한 사람만 남고 가장 많은 비용을 지불한 사람이 낙찰을 받는다. 리더십도 이와 마찬가지다. 위로 올라갈수록 더 많은 비용이 든다. 리더의 자리에 있을수록 더 큰 희생을 치러야 한다는 이야기다. 더 큰 영향력을 가진 리더가 되기 위해 기꺼이 희생을 감수할 준비가 되어 있는지를 반문해 보아야 한다.

리더 자리를 유지하려면 더 많은 것을 포기해야 한다

리더십에 대한 가장 큰 오해 중 하나는 존 맥스웰이 자유신화 The Freedom Myth라고 부르는 것이다. 정상의 위치에 도달하면 누구나 더 큰 자유를 얻게 된다고 생각한다는 것이다. 사람들은 리더의 위치에 있으면 원할 때마다 원하는 대로 할 수 있는 자유를 누릴 수 있다고 생각한다. 하지만 이는 말 그대로 신화에 불과하다. 어떤 조직에서든 높은 수준으로 갈수록 진정한 자유가 줄어든다. 진정한 리더, 특히 조직을 위해 봉사하는 리더는 리더가 되기 위해 자유의 일부를 기꺼이 희생한다.

리더의 자리에까지 올라가는 여정에도 수많은 희생이 필요하지만, 리더의 자리에 서면 더 큰 희생이 요구된다. 이에 존 맥스웰은 리더의 자리를 유지하기 위해서는 끊임없이 포기해야 한다고 역설한다. 리더로서 더 높이 오르기 위해 포기해야 할 것들이 많다면 그 자리를 유지하기 위해서는 훨씬 더 많은 것을 포기해야 한다. 조직을 정상으로 끌어올리는 것과 조직이 정상 자리를 유지하는 것은 완전히 별개의 문제다. 정상의 자리를 유지하기 위해서는 훨씬 더 많은 것을 포기하는 방법밖에 없다.

동양인 최초로 독일 슈투가르트 발레단Stuttgarter Ballett에 입단하고 스위스 로잔 발레 콩쿠르Prix de Lausanne에서 우승했으며 유럽의 인간문화재로 선정된 발레리나 강수진을 살펴보자. 그녀는 최고의 자리에 오르기 위해 모든 청춘을 발레에 바쳤고, 그 자리를 유지하기 위해 모든 여유로운 삶을 포기해야 했다. 최고의 자리를 지키는 것이 더 어려운 싸움이기 때문이었다. 그녀는 은퇴를 앞두고 한 인터뷰에서 이런 말을 한다.

미련 한 톨 없어요. 7월 23일 아침(은퇴일)에 눈을 떴을 때 지구에서 나보다 더 행복한 사람이 또 있을까요? 7월 23일 아침에는 가장 맛없는 커피라도 내가 마시면 세상에서 가장 맛있는 커피가 될 것 같아요. 아이스크림도 마음껏 먹을 수 있겠네요. 발레리노가 더 이상 날 들어 올리지 않아도 되니까요...

지난 30년 동안 강수진의 하루는 늘 한결같았다. 새벽 5시 기상, 두 시간 동안 스트레칭과 개인 훈련, 발레단에서 연습 또는 공연 그리고 밤 11시 귀가. 그녀의 자서전『나는 내일을 기다리지 않는다』에서 이런 말을 한다. "사람들은 대단한 성공비결을 듣고 싶어 하지만 나한텐 그런 게 없다. 사실 지루한 반복처럼 보인다. 나는 내일을 믿지 않는다. 오늘 하루, 똑같은 일과를 되풀이하면서도 조금 발전했다고 느끼면 만족한다."

리더십도 이와 다르지 않다. 리더는 수많은 희생을 통해 그 자리에 올라가지만, 리더의 자리에 머물기 위해서는 더 큰 희생을 지속적으로 감당할 수밖에 없다. 매일 반복되는 업무의 일상에서, 조직원들과 함께하는 시간에, 모든 의사결정 순간에 항상 자신을 희생하는 결단을 하게 된다. 리더는 그렇게 만들어진다.

리더의 지위는 희생의 대가다

　전통적인 고대 부족을 살펴보자. 부족이 외부의 위협을 받으면 부족 구성원 중 가장 강하고 가장 좋은 음식을 먹으며 자신감 넘치는 리더가 앞장서서 싸운다. 그는 어떤 위험이라도 감수하면서 적과 싸우며 부족원들을 보호한다. 족장은 고기를 먹을 때도 가장 먼저 먹고 배우자를 가장 먼저 고르는 특권을 누린다. 부족을 위험으로부터 지켜내야 하고 부족을 지키려다 일찍 죽더라도 그 강한 유전자를 보존하기 위해서다. 리더에게 공짜로 혜택을 줄 리는 없다. 형평성에 어긋나기 때문이다.
　마찬가지로 조직에서 리더가 누리는 혜택은 공짜로 주어지는 게 아니다. 꽤 비싼 대가를 치러야 한다. 그런데 많은 리더들이 이 사실을 자주 잊어버리곤 한다. 우리는 때때로 수억 원의 연봉과 갖은 혜택을 받는 CEO들을 보면 기분이 상할 때가 있다. 리더가 위계구조에서 높은 서열을 차지하고 각종 특혜를 누리는 만큼 우리를 보호해 주길 기대하지만 그렇지 않아서다. 다시 말해, 높은 보수를 받는 리더 중 다수가 돈과 혜택만 챙길 뿐 직원들을 보호하지 않는다는 것이다. 심지어 직원들을 희생시키며 자기 이익만 추구하는 경우도 다반사다. 우리는 그들이 리더로서의 정의를 위반할 때 그들의 탐욕과 보상을 비난한다.

리더가 치러야 할 비용은 개인 이익을 포기하는 것

흑인 인권을 위해 평생을 헌신했던 남아공 최초의 흑인 대통령 넬슨 만델라가 상여금으로 수억 원을 받았다고 분개할 사람은 없을 것이다. 아프고 가난한 자들을 위해 자신의 삶을 헌신했던 테레사 수녀가 수억 원의 보상금을 받는다는 보도를 접한다 하더라도 기분 나빠 할 사람 역시 없을 것이다. 우리는 그들이 자신의 사회적 역할을 충분히 다했다고 믿고 있다. 그들은 자신을 따르는 사람들을 위해 희생을 마다하지 않았던 인물이고 자신보다 타인의 안위를 먼저 생각한 성인이었다. 우리는 이들과 같은 리더가 그에 걸맞는 보상을 받았으면 하는 마음을 갖는다. 그들이 그것을 받을지는 모를 일이지만. 기업조직에서도 마찬가지로 희생을 마다하지 않고 조직에 크게 공헌한 리더에게 큰 보상이 이뤄져야 하는 것에 아무도 의의를 제기하지 않을 것이다.

리더가 범하는 실수 중 하나는 자신의 지위가 마치 자신인 줄 착각하는 것이다. 리더는 자신의 희생으로 만들어내는 자리이고 리더가 받는 혜택이 희생의 대가에서 나온다는 것을 이해하지 못하는 데서 비롯된 착각이다. 미 해병대 조지 플린George Flynn 중장이 이런 말을 했다. "리더가 치러야 할 비용은 개인의 이익을 포기하는 것이다."

국방부 차관을 지낸 한 연사가 대규모 콘퍼런스에서 연설을 시작했다. 그는 연설을 하다 잠시 말을 멈추더니 일회용 용기에 담긴 커피를 한 모금 마셨다. 그 컵은 그가 직접 무대에 가지고 올라온 것이었다. 그는 한 모금 더 마시고는 이렇게 말했다.

잠시 다른 얘기를 꺼내자면, 저는 작년에도 이곳에서 연설했습니다. 그때도 이 콘퍼런스에 같은 무대였죠. 한 가지 다른 점이 있다면 작년에는 제가 국방부 차관이었다는 겁니다. 비즈니스 클래스를 타고 공항에 도착해 보니 누군가가 저를 기다리고 있다가 호텔까지 데려 줬습니다. 호텔에도 다른 사람이 저를 기다리고 있었고, 그는 저 대신 체크인을 해주었습니다. 그리고 저를 방까지 안내해 주더군요. 다음 날 아침에 로비로 나오니 또 다른 사람이 저를 기다리고 있었습니다.

저를 이 장소로 안내해 주기 위해서였습니다. 콘퍼런스 장소에 도착하자 그는 저를 무대 뒤 대기실로 안내하며 예쁜 커피잔에 담긴 커피 한 잔을 대접해줬습니다. 저는 더 이상 국방부 차관이 아닙니다. 이코노미석을 타고 이곳에 왔고, 공항과 호텔에는 아무도 나와 있지 않았습니다. 호텔은 직접 체크인을 하고, 이곳까지는 혼자 택시를 잡아타고 왔습니다. 도착해서는 앞문으로 들어와 직원 한 명에게 커피가 어디 있냐고 물었습니다. 그러자 그는 벽 쪽 테이블 위에 있는 커피머신을 손으로 가리키더군요. 저는 그쪽으로 가서 여기 있는 이 일회용 컵에 직접 커피를 따랐습니다.

그는 자신의 컵을 높이 들어 청중에게 보이며 말을 이었다.

그때 깨달았습니다. 작년에 받았던 그 커피잔은 저를 위한 커피잔이 아니었습니다. 국방부 차관을 위한 커피잔이었죠. 사실 저는 일회용 컵이 어울리는 사람이었습니다.

리더가 된다는 것은 희생하는 길을 택하는 일

리더는 지위와 자신을 동일시하는 우를 범해서는 안 된다. 조직에서 얻는 모든 이익이 자신의 지위 때문에 오는 것이 아니라 희생의 대가임을 알아야 한다. 영향력이라는 측면에서 보면, 직급이 높다고 무조건 리더가 되는 것은 아니다. 권한이 있는 자리에 있으면서도 리더가 아닌 사람이 있고, 말단에서 일하지만 진정한 리더인 사람도 있다. 리더가 된다는 것은 직급과 상관없이 타인을 위해 희생하는 길을 택하는 일이다. 리더가 자신에게 주어진 모든 혜택을 누리는 일에는 아무런 문제가 없다. 하지만 리더는 필요하다면 기꺼이 그 혜택을 포기할 수 있는 사람이다.

지시하고 싶은 욕망을
흔쾌히 버려라

　리더가 저지르는 가장 큰 실수 중의 하나로 지시를 통해 성과를 달성할 수 있다는 믿음을 갖는 일을 들 수 있다. 이는 지시하는 위치에 있기에 모든 상황을 파악해야 하고, 모든 지식을 갖고 있어야 하며, 조직원들은 자신의 지시에 따라 움직여야 성과를 낸다고 생각하는 리더의 편향된 인식에서 비롯된다. 이런 리더는 자신의 생각을 일방적으로 통보하고 명령하며 직원들을 통제하려 한다. 나아가 지시를 통해 자신의 존재감을 확인하려 하고 자신의 리더십을 입증하고자 한다.
　게다가 자신이 감독하지 않으면 직원들이 업무를 소홀히한다고 판단한다. 직원들을 신뢰하지 않기 때문이다. 직원들을 군사

훈련장에 모인 군인으로 착각하고 자신의 명령 하나로 일사불란하게 움직여 임무를 수행하게 해야 한다고 생각하는 것이다. 하지만 이것은 대단한 착각일 뿐이다. 현대의 조직에서는 더 이상 지시와 명령으로 직원들을 움직일 수 없다. 강압적 지시를 통해 자발적 협력과 책임 있고 헌신하는 행동을 기대할 수 없다.

지시하는 리더는 자리에 목숨을 건다

리더들은 지시하고 싶은 욕망을 억제하고 이를 포기할 줄 알아야 한다. 구글의 마케팅 전략회 일화를 예를 들어보자. 마케팅 전략이 구글에 어떤 영향력을 가져다줄 수 있는지에 대한 토의가 한창 진행되고 있을 때, 갑자기 회의실 문이 열리며 구글의 공동 창업자인 래리 페이지Larry Page가 들어왔다. 열변을 토하던 한 직원이 래리에게 이런 질문을 한다. "래리, 구글이 어떤 식으로 마케팅 전략을 펼치면 좋겠습니까?" 이 질문에 래리는 이렇게 답변한다. "글쎄요, 그 질문은 여러분들이 더 잘 알지 않을까요? 저는 잘 모릅니다." 래리의 답변은 그가 지시형 리더가 아니라 조직원 스스로가 의미를 찾는 능동적인 활동을 지원하는 리더임을 엿보게 한다.

그렇다면 지시를 하지 않고 어떻게 원하는 목표를 달성할 수 있을까? 의미와 가치 부여를 통해 그 방향을 잡을 수 있다. 이와 관련, 미국 심리학자 리처드 라이언Richard Ryan과 에드워드 데시 Edward L. Deci는 일찍이 자기결정이론Self-determination theory을 내놓은 바 있는데, 모티브 스펙트럼motive spectrum으로 살펴본 동기부여에 관한 이론이다. 이에 의하면, 행동으로 나아가게 하는 강력한 동기가 경제적·정서적 압박이나 타성에 있지 않다고 한다. 즉 의미·성장·즐거움 등 개인의 가치와 신념이 더 강한 동기부여 동인이라는 것이다. 즉 조직원들은 의미를 찾을 때 책임감이 생기고 합리적으로 행동하게 된다는 것이다.

조직에 이슈가 생겼을 때 많은 리더들은 흔히 지시를 통해 재빨리 문제를 해결하려고 한다. 이런 리더들은 조직에 의미가 있다고 믿지 않으며, 심지어 자신이 지급한 금전적 보상보다 늘 조직의 움직임이 부족하다고 여긴다. 그런 연유로 지시를 통해 강요하고 통제하려 한다. 하지만 현명한 리더는 팀이 해결책을 찾을 때까지 침착하게 기다리며, 팀의 제시한 해결책을 신뢰하는 믿음을 보여준다. 지시와 통제가 문제의 해결책이 될 수 없을 뿐 아니라 불필요한 복잡성을 만들어낸다는 사실을 잘 알고 있기 때문이다.

희생적 리더는 자신이 지시할 수 있는 위치에 있더라도 조직원들의 자발적 참여와 헌신·책임을 이끌어내는 데 우선순위를 둔다. 지시하는 리더는 자리에 목숨을 걸지만 희생의 리더는 일의 의미에 목숨을 건다. 지시하는 리더는 조직원들이 무슨 일을 하고 있는지 수시로 점검하지만, 희생의 리더는 일이 주는 의미와 가치가 전달하고 깨우치게 하는 데 많은 시간과 노력을 투자한다. 지시하는 리더는 권한을 통해 조직원들 위에 군림하려 들지만, 희생의 리더는 권한에 던지고 조직원들과 함께 호흡한다. 따라서 리더의 역할은 아래 질문에 대한 답변을 고민하는 데에서부터 시작해야 할 것이다. "나는 이 일을 왜 하는가?"

통제하려는 욕심을
과감히 내던져라

놀랍게도 아직까지 현대 조직에서 활용되는 대부분의 경영기법이나 경영이론들이 산업혁명기와 19세기 말에 정립된 이론들을 근간으로 하고 있다. 그중 하나가 프레더릭 테일러Frederick Winslow Taylor가 1911년에 집필한 『과학적 관리론The Principles of Scientific Management』이다. 철강 기술자였던 테일러는 어느 날 공장의 생산성이 떨어지는 이유가 공장 노동자들이 자신의 업무를 성실히 수행하지 않기 때문이라는 것을 발견한다. 그는 이런 노동 비효율 때문에 기업의 낭비요소가 극심하다고 판단해 보다 생산적인 경영을 위해 노동에 대한 객관적 수치를 도입하여 노동자들의 생산성을 높이고자 했다.

객관적 지표를 통해 생산을 관리하고, 노동자들의 태업을 방지하기 위해 성과 인센티브 개념을 도입한 것이다. 이 개념은 100년이 훌쩍 지난 현 시점의 경영기법에도 그대로 적용되어 발전해 왔다. 그리고 생산과 통제라는 이분법적인 사고방식을 통해 위계질서와 중앙집권형 조직문화로 뿌리를 내리게 되었다.

공식적 권력이 없는 구글, '보스' 단어 사용을 금한 고어

문제는 경영환경이 급변하면서 이러한 중앙통제식 경영방식에 문제가 생겼다는 것이다. 은행을 예로 들어보자. 은행은 대표적으로 중앙통제에 의해 움직이는 조직이다. 이자율 또는 통화량 조정, 각종 고객 관련 이슈, 업계 시장정보 등 모든 정보들이 IT를 통해 중앙에 집중된다. 은행 조직은 중앙통제를 기반으로 하는 규칙에 의해 관리되며, 이를 토대로 위기관리가 가능한 단일 시스템을 구축한다. 그런데 기존 규칙에 적용 불가능한 새로운 이슈가 발생하면 제대로 대응을 하지 못하고 허우적거리게 된다. 2008년 미국의 금융시장에서 촉발되어 전 세계로 파급된 대규모의 금융위기 사태가 단적인 예이다. 은행의 위기관리 시스템이 예측하지 못한 방식으로 부동산 가격이 급락하자 변화에 취약한 단일 시스템이 붕괴되고 만 것이다.

이 같은 통제방식으로 움직이는 리더는 조직원들을 믿지 못하고 크고 작은 일에 직접 개입한다. 이런 리더는 복종과 처벌의 메커니즘을 통해 통제와 관리가 가능하다고 믿는다. 따라서 주변의 도움을 구하지 않으며, 독단적 결정을 통해 일을 그르치는 상황과 맞닥뜨리게 된다. 이에 반해 희생적 리더는 모든 것을 통제하려는 생각에서 벗어나 탈중심적인 마인드를 지닌다. 그리고 혁신적으로 사고하며 더 강한 조직구축에 전념한다. 나아가 팀의 아이디어와 시스템의 다양성을 수용한다.

아메리칸익스프레스American Express와 같이 위계가 강한 조직에서의 직원들은 대개 강한 압박에 시달리기 마련이다. 상급자의 기분에 맞추고 이들의 입맛에 맞게 업무를 수행해야 한다는 강박관념에서 쉽게 벗어날 수 없다. 통제와 위계로 조직을 관리했던 실리콘밸리의 대표 기업인 애플은 스티브 잡스의 강력한 리더십이 사라지자, 더 이상 혁신적 제품을 내놓지 못했다. 강한 통제와 위계에서 오는 제한적인 협업과 한정적인 정보의 공유, 기술의 통제가 영향을 미친 것이다.

반면 구글에는 공식적인 권력이 없다. 사장은 자신을 일상업무의 팀원으로 인식한다. 따라서 그 누구도 사장이나 임원들을 기쁘게 해주려고 노력하지 않는다. 이런 구글 조직이 세계에 끼치는 영향력은 그 누구도 부인할 수 없을 것이다. 고어텍스 원단으로 유명한 W.L 고어W.L. Gore는 조직 내 위계와 통제가 생기는 것을 막기 위해 상사Boss라는 단어 자체 사용을 원칙적으로 금했다. 고어가 단기간에 세계적인 기업 반열에 오를 수 있었던 것은 뛰어난 기술력뿐 아니라 통제를 던져 버린 희생적 리더십의 영향력이 뒷받침되었기 때문이다. 상사와 직원의 개념을 버리고 모두가 리더가 되어 공동작업을 수행하는 다양한 팀과 팀원들의 자발적 헌신이 이뤄낸 결과다.

| 에 필 로 그 |

당신은 조직을 위해
무엇을 희생하고 있는가?

인간을 우주에 보내는 일은 마치 사람을 제물로 바치던 고대의 풍습과 비슷했다. 우주개발 초기의 우주비행사들은 큰 위험과 희생을 감수해야만 했다. 초기 제트엔진을 사용한 우주선은 크고 작은 폭발사고가 빈번했으며 이로 인해 목숨을 잃는 우주비행사들이 속출했다. 하지만 우주비행사들은 시험 조종사로서 이런 희생을 감당하며 계속 앞으로 나아갔다. 그곳에 인류의 새로운 도약이 있기 때문이었다.

1986년 우주왕복선 챌린저호 폭발사고 직후 로널드 레이건Ronald Reagan 전 미국 대통령은 이런 말을 했다. "이 모두 탐험과 발견의 과정 중 하나다. 미래는 나약한 이들이 아니라 용감한 이들의 것이다."

모든 위대한 일에는 보이지 않는 희생이 있었다. 단순히 역사책만 살펴봐도 독립을 위해 큰 희생을 치른 리더들을 쉽게 볼 수 있다. 많은 이들이 감옥에 끌려갔고 조국해방을 위해 존귀한 생명을 바친 이도 적지 않다. 기업 세계에서 창립자들은 비즈니스를 구축하고 생존을 이어나가기 위해 수많은 희생을 감당했다. 지역사회 및 국가 역시 수많은 리더의 희생으로 존립을 이어왔다. 리더마다 조직을 이끈 방식은 다를지 몰라도 한 가지 사실은 명백하다. 바로 희생과 위대한 리더십은 그 궤를 같이한다는 것이다.

위대한 리더십의 중심에는 언제나 희생이 있다

국제우주정거장International Space Station, ISS에서 약 1년간 우주 체류 임무를 마치고 지구로 귀환한 우주인 스콧 켈리Scott Kelly의 저서 『인듀어런스Endurance』에 보면 이런 내용이 나온다. "우주에서는 평범한 기분을 느낄 수 없다. 항상 뭔가 잘못된 느낌이다. 우주비행사들이 감수하는 위험은 우리가 이미 아는 위험이 아니다. 우리가 알지 못하는 위험에 몸을 맡기는 것이다. 이 임무가 미친 영향은 시간이 지나야 알 수 있다. 계속 검사를 하면서 노화가 진행되는 과정을 관찰해야 한다. 뭘 희생했는지 알려면 오랜 시간이 걸릴지도 모른다."

리더의 희생도 마찬가지다. 공동체에서 리더가 무엇을 희생했는지 조직원들은 알지 못할 수도 있다. 조직이 주는 안락함에 리더의 존재가 잊힐 수도 있으며 그 업적이 조명받지 못할 수도 있다. 하지만 리더는 묵묵히 조직을 위해 오늘도 희생을 감당해야 한다. 그 희생을 통해 조직은 진일보하기 때문이다.

리더의 희생은 마치 부모의 희생과 비슷하다. 부모는 자녀를 위해 최선을 다한다. 부모의 희생에는 아무런 대가가 없으며 자녀의 성장과 행복을 자신의 왕관으로 삼는다. 위대한 리더는 자신이 이끄는 조직원들을 위해 최선을 다해 헌신하고 희생하며 아무런 대가를 바라지 않는다. 위대한 리더십의 중심에는 언제나 희생이 있다. 비단 조직에서뿐 아니라 삶의 모든 영역에서 진정한 리더십은 지위와 힘을 넘어 희생과 헌신으로 나아간다. 위대한 리더는 조직에 실적이 아닌 가치를 남기며 이를 유산으로 남기기 위해 기꺼이 자신을 희생한다. 이제 조직의 성장과 리더십 그리고 영향력에 대해 고민하고 있다면 단 한 가지 질문에 대한 답변을 진지하게 준비해야 할 것이다.

나는 조직을 위해 무엇을 희생하고 있는가?

| 참 고 문 헌 |

도서

- 앤드류 카네기, 『부의 복음(Gospel of wealth)』, 예림북 (2014)
- 찰스 로버트 다윈, 『인간의 유래와 성 선택(The Descent of Man, and Selection in Relation to Sex)』, 지식을만드는지식 (2019)
- 스티븐 핑커, 『우리 본성의 선한 천사(The Better Angels of our Nature)』, 사이언스북스 (2014)
- 레비스트로스, 『슬픈열대(Tristes Tropiques)』, 한길그레이트북스(1998)
- 막스 베버, 『카리스마적 지배(Charismatische Herrschaft)』, 문예출판사 (2020)
- 리 아이아코카, 『진정한 리더는 어디에 있는가? (Where Have All The Leaders Gone?)』, 세종서적 (2008)
- 제임스 C. 헌터, 서번트 리더십 내 안의 위대한 혁명(The Servant Leadership), 시대의창 (2013)
- Robert K. Greenleaf, 『The Servant as Leader』, The Greenleaf Center for Servant Leadership(2012)
- James MacGregor Burns, 『Leadership』, Open Road Media (2012)
- Bernard M. Bass, 『Transformational Leadership』, Psychology Press (2006)
- Bernard M. Bass, 『The Bass Handbook of Leadership: Theory, Research, and Managerial Applications』, Free Press(2009)
- 후나이 유키오, 『백 마리째 원숭이가 되자』, 사계절 (1996)
- Gregory P. Shea, 『Leading Successful Change, Revised and Updated Edition: 8 Keys to Making Change Work』, Wharton School Press (2020)
- United States Government US Army, 『Field Manual FM 6-22 Leader Development June 2015』, United States Government US Army (2015)
- Amotz Zahavi, 『The Handicap Principle: A Missing Piece of Darwin's Puzzle』, Oxford University Press (1999)

- » 장영혜, 소설 삼십육계 34 고육계, 반디출판사 (2010)
- » 스티븐 코비, 『성공하는 사람들의 7가지 습관(The 7 Habits of Highly Effective People)』, 김영사(2003)
- » Su Mi Dahlgaard-Park, 『The SAGE Encyclopedia of Quality and the Service Economy』, SAGE Publication, Inc. (2015)
- » 안데르스 에릭슨, 로버트 풀, 『1만 시간의 재발견 노력은 왜 우리를 배신하는가 (Peak: Secrets from the New Science of Expertise)』, 비즈니스북스(2016)
- » 존 맥스웰, 『존 맥스웰 리더십 불변의 법칙(The 21 Irrefutable Laws of Leadership)』, 비즈니스북스 (2010)
- » 존 맥스웰, 『존 맥스웰 리더의 조건(The 21 Indispensable Qualities of a Leader)』, 비즈니스북스 (2012)
- » 존 맥스웰, 짐 도넌, 『존 맥스웰의 위대한 영향력 (Becoming a Person of Influence)』, 비즈니스북스 (2010)
- » 짐 호던, 『몰입과 소통의 경영(The Art of Engagement: Bridging the Gap Between People and Possibilities)』, 가산출판사 (2013)
- » Scott A. Snook, 『The Handbook for Teaching Leadership: Knowing, Doing, and Being, SAGE Publications, Inc (2011)
- » 톰 피터스, 짐 콜린스, 『성공하는 리더는 어떻게 만들어지는가?(The Global CEO's Wisdom: Guru Insight)』, 홍익출판사 (2010)
- » 짐 콜린스, 『성공하는 기업들의 8가지 습관(Built to last)』, 김영사 (2002)
- » John L. Hennessy, 『Leading Matters: Lessons from My Journey』, Stanford Business Books (2018)
- » 마커스 버킹엄, 『FIRST, BREAK ALL THE RULES』, 시대의창 (2002)
- » 존 맥스웰, 『어떻게 360도 리더가 되는가(The 360 Degree Leader)』, 넥서스BIZ (2015)
- » 짐 콜린스, 『좋은 조직을 넘어 위대한 조직으로(Good to Great)』, 김영사 (2015)
- » Alison Levine, 『On the Edge: Leadership Lessons from Mount Everest and Other Extreme Environments』, Grand Central Publishing (2014)
- » 조코 윌링크, 『네이비씰 승리의 리더십(Extreme Ownership)』, 경향비피 (2020)
- » 켄 블랜차드, 『리더의 조건 (Helping people win at work)』, 21세기북스 (2010)
- » Douglas R. Conant, 『TouchPoints: Creating Powerful Leadership Connections in

the Smallest of Moments』, Jossey-Bass (2011)
» 앤서니 K. 찬, 『리더는 매일 평균대에 선다 (Good People)』, 흐름출판 (2021)

학술논문

» Choi, Y. (1999). Leadership effects of self-sacrificial behaviors of managers. Hongik Business Review
» Choi, Y., & Mai-Dalton, R. R. (1998). On the leadership function of self-sacrifice. Leadership Quarterly
» Choi, Y., & Mai-Dalton, R. R. (1999). The model of followers responses to self-sacrificial leadership: An empirical test. Leadership Quarterly
» Van Knippenberg, B., & van Knippenberg, D. (2005). Leader self-sacrifice and leadership effectiveness: The moderating role of leader prototypicality. Journal of Applied Psychology
» Bass, B. M. (1985). Leadership and performance beyond expectations. New York: Free Press.
» Thau, S., Bennett, R. J., Mitchell, M. S., & Marrs, M. B. (2009). How management style moderates the relationship between abusive supervision and workplace deviance: An uncertainty management theory perspective. Organizational Behavior and Human Decision Processes,
» Yorges, S. L., Weiss, H. M., & Strickland, O. J. (1999). The effects of leader outcomes on influence, attributions, and perceptions of charisma. Journal of Applied Psychology.
» Emma Avoyan(2014), Leadership in transition countries: case study of sustainability leadership of Uruguay's president Jose Mujica, Wageningen University, Netherlands
» Bert Spector (2013), Flawed from the "Get-Go": Lee Iacocca and the origins of transformational leadership, SAGE journals
» Anastakis D (2007), The last automotive entrepreneur? Lee Iacocca saves Chrysler, 1978-1986. Business History Conference.
» 양두용(2001), 미 엔론(Enron)사 파산배경과 파급효과, 월간 KIEP 세계경제

- » 한양대학교 아태지역연구센터(2002), 미국 초점 : 엔론 (Enron) 파산과 미국 정계, 월간 아태지역동향 121권0호
- » 송영선(2012), Team Learning, 백 마리째 원숭이 현상, 조직수준 상호작용의 놀라운 변화, HR Insight 2012년 12월호
- » Emily M Grout(2020), Variation in alloparental care in dwarf mongooses, School of Biological Sciences
- » Julie M Kern and Andrew N Radford(2014), Mongoose sentinels respond flexibly to threats, Animal Behaviour, Press release issued: 13 November 2014
- » Ashutosh Muduli (2012), Southwest Airlines Success: A Case Study Analysis, Pandit Deen Dayal Petroleum University
- » Fortune, Sorry, Jack! Welch's Rules for Winning Don't Work Anymore, Jul. 11, 2006, Fortune
- » Kaiye Yang (2020), Integrated Human Resource Research on Haidilao Hotpot Restaurant, Durham University
- » Richard M. Ryan and Edward L. Deci (2000), Self-Determination Theory and the. Facilitation of Intrinsic Motivation, Social Development, and Well-Being, University of Rochester

웹사이트

- » Robert Ferguson (2012), Why Great Leadership is about Freedom, https://www.fergusonvalues.com/2012/06/why-great-leadership-is-about-freedom
- » 김재순, "남미 의사들 브라질로", 「연합뉴스」, 2013.09.07.
- » SBS 스페셜, 『리더의 조건』 28화, 2013.01.16. 방송
- » 한국해비타트, https://www.habitat.or.kr/company/aboutus
- » Gerald Brooks Leadership Podcast, Leadership Skills, https://www.buzzsprout.com/54862/9985225-leadership-skills
- » Craig Addison(2004), SEMI Oral History Interview, https://www.semi.org/ko/Oral-History-Interview-Robert-Palmer
- » Learning to Give, Noblesse Oblige, https://www.learningtogive.org/resources/noblesse-oblige

» Jeff Bezos In 1999 On Amazon's Plans Before The Dotcom Crash, CNBC, https://www.cnbc.com/2019/02/08/jeff-bezos-1999-interview-on-amazon-before-the-dotcom-bubble-burst.html

» Authority Magazine, Jonathan Wasserstrum of SquareFoot: How To Successfully Ride The Emotional Highs & Lows Of Being An Entrepreneur https://medium.com/authority-magazine/jonathan-wasserstrum-of-squarefoot-how-to-successfully-ride-the-emotional-highs-lows-of-being-an-de0ba98d191d

» John Baldoni (2009), How GM's Rick Wagoner Failed to Lead in a Crisis, Harvard Business Review, https://hbr.org/2009/03/how-gms-rick-wagoner-failed-to

» Robert Bruce Shaw (2020), Uber's Travis Kalanick Shows Leaders the Price of Obsession, Leadership Essentials, https://hcleadershipessentials.com/blogs/leadership/ubers-travis-kalanick-shows-leaders-the-price-of-obsession

» Apple Podcasts, #118 Doug Conant: Leadership With Integrity, https://podcasts.apple.com/us/podcast/118-doug-conant-leadership-with-integrity/id990149481?i=1000532948011

» Amanda Ruggeri (2009), Jim Sinegal: Costco CEO Focuses on Employees, https://www.usnews.com/news/best-leaders/articles/2009/10/22/jim-sinegal-costco-ceo-focuses-on-employees

» t2informatik, Amara's Law, https://t2informatik.de/en/smartpedia/amaras-law/

» Cara Feinberg (2010), The Mindfulness Chronicles, Harvard Magazine, https://www.harvardmagazine.com/2010/09/the-mindfulness-chronicles

» Warren Shoulberg (2020), David Glass, The Man Who Took Sam Walton's Job At Walmart, Dies At 84, Forbes, https://www.forbes.com/sites/warrenshoulberg/2020/01/18/david-glass-the-man-who-took-mr-sams-job-at-walmart-dies/?sh=477700a66acb

» Brandon Irwin (2013), If You Want to Motivate Someone, Shut Up Already, Harvard Business Review, https://hbr.org/2013/07/if-you-want-to-motivate-someone-shut-up-already

» Patrick Ward (2021), Frederick Taylor's Principles of Scientific Management Theory, NanoGlobals, https://nanoglobals.com/glossary/scientific-management-theory-of-frederick-taylor/

희생의 리더십

초판 1쇄 발행 2022년 10월 01일

지은이 이용준
펴낸이 권무혁
펴낸곳 어나더북스 an other books
기획·편집 김미성, 최영준
디자인 차선우
마케팅 김성덕
출판등록 2019년 11월 5일 제 2019-000299호
주소 (04029) 서울 마포구 월드컵로 8길 49-5 204호(서교동)
대표번호 02-335-2260
이메일 km6512@hanmail.net

© 이용준, 2022
ISBN 979-11-978885-2-6 03320

- 책값은 뒤표지에 있습니다.
- 이 책의 내용의 일부 혹은 전부를 재사용하려면 반드시 어나더북스의 동의를 구해야 합니다.
- 잘못 만들어진 책은 구입하신 서점에서 교환할 수 있습니다.

책 본문에 소개된 문학작품 중에서 저작권자와의 연락이 미처 닿지 않아 그대로 인용된 몇 개가 있습니다.
연락이 닿는 대로 저작권료 지급 등의 후속절차를 밟을 예정입니다.